吉村千彰

# シェフが教える家庭で作れるやさしい肴

コモンズ

# はじめに
# やさしい肴

就職し、関西を離れて15年。関東のだしの味に慣れつつも、何かが足りないと思い続けていました。その後、転勤で故郷の大阪に戻り、心斎橋《しんさいばし》にある割烹「もめん」のお吸い物を口にしたとき、昆布だしの滋味と力に目が覚める思いがしました。足りなかったのは昆布。そう気づいてから俄然、食材の味に興味をもつようになりました。

取材をきっかけに、大阪・空堀《からほり》商店街で昆布店を営む土居成吉《どいしげよし》さんを知りました。産地の北海道の小学生たちに昆布だしの美味しさを教える土居さんは、次の世代につなげる生産地と消費地の関係づくりを考えています。

その土居さんの昆布を使う大阪・島之内の居酒屋「ながほり」の中村重男さんと出会い、伝統野菜の美味しさを教えてもらいました。田辺大根、天王寺蕪《てんのうじかぶら》、勝間南瓜《こつまなんきん》といった消えかけていた在来種のほか、竹の子、水茄子、トマトなど、地場の野菜の美味しさを「ながほり」さんのカウンターで知ったのです。そして、食材にこだわり、まじめに地道にリーズナブルな料理を提供する志をもったシェフのお店に通っているうちに、私のなかで、関西の食の豊かさ、それを支える農家やシェフの力を伝えたいという気持ちがむくむくわいてきました。

朝日新聞大阪本社発行の夕刊に、関西の事物にこだわったページがあります。その担当になったとき、家庭で簡単にやさしくつくれて、体にもやさしい料理を紹介する欄をもうけたい、と思い立ちました。なんといっても、食生活の基本は家庭ですから。

でも、自分がつくるなら、酒の肴しかありえない。中村さんに相談し、ただの料理紹介ではなく、食材のことも考えてもらえるよう、生産現場の話にもふれようと決めました。そして、活躍中の気鋭のシェフたちに協力を得られることになり、「やさしい肴」欄が生まれたのです。また、先輩の河合真美江記者と三宅貴江デスクの心強い励ましがあり、毎週の連載が可能になりました。

できるだけ簡単にというお願いに、家庭で応用できるメニューを考えてくださったシェフのみなさんには、感謝してもしきれません。厨房まで入り込んでプロの技を見せてもらったのは、このうえない幸せです。取材に熱心に応えてくださった生産者の方々の「いいものをつくろう」という心意気には、いつも励まされました。心より感謝しております。

写真は、朝日新聞大阪本社写真部の撮影です。伊ケ崎忍と山崎虎之助が主となり、諫山卓弥、小川智、関口聡、高橋正徳、滝沢美穂子、永曽康仁、西畑志朗が担当しました。

そして本書では、単行本化をすすめてくださったコモンズの大江正章氏から示唆をいただき、新聞連載をもとに、伝統野菜とその種を残していくことの大切さや意義についての取材を重ね、加筆しました。なお、伝統野菜が手に入らない場合は、紹介した野菜で代用してください。

2007年 新春に　吉村千彰

シェフが教える家庭で作れるやさしい肴

# 目次

# 地鶏と春野菜のサラダ

**〈材料〉（2 人分）**

鶏ムネ肉（比内地鶏） 150g
好みの季節の野菜 約 200g
塩・コショウ 各適量
七味 適量

**ドレッシング**

フレンチマスタード　小さじ 1
太白ごま油 大さじ 1
赤酢・千鳥酢（米酢でも） 各大さじ 1
塩・コショウ 各少々

## recipe

❶葉物は水につけてパリッとさせ、人参やゴボウなど根菜はさっとゆでて冷水にとり、それぞれ食べやすいよう適当に切っておく。

❷鶏肉は両面に塩・コショウをし、弱火で皮から焼く。フライ返しで押さえながら焼き、皮がパリッとしたら裏返して火を通す。1cm 程度にスライスし、七味をふる。

❸ドレッシングの材料をよく混ぜ合わせる。

❹野菜をドレッシングであえ、鶏肉といっしょに器にこんもり盛り付ける。

「野菜大好き」と話す宮本幹子さんのサラダは、とにかく野菜の種類が豊富。紫人参、ブロッコリー、ゴボウ、コウサイタイ、ルッコラ、ハコベ、タンポポ、スイバ、水菜、マーシュ、ネギなどなど。

すべて、宮本さんが「野菜本来の味を大事に、まじめにつくってはる」と認める兵庫県篠山《ささやま》市の吉良《きら》正博さんの野菜です。西宮市に住んでいたときに阪神大震災にあった吉良さんは「生き残った人間はせめて健康にならなあかん。有機野菜をつくろ。それでみんなに元気になってもらお」と決心。脱サラして実家に戻って農業を継ぎ、父を説き伏せて有機無農薬栽培を始めました。除草剤を使わないから、ハコベやタンポポなど、あぜ道で採れる野草もおいしく食べられます。

そんな野趣の強さに負けないのは、秋田の比内《ひない》地鶏。歯ごたえがあり、かむほどに味が出ます。「家庭では、ある野菜を使ってもらえれば。鶏肉は新鮮なものが手に入れば、レアでもいいですね」と宮本さん。

☆お酒☆本格麦焼酎「古澤《ふるさわ》」（宮崎県）を水割りで。

シェフは宮本幹子さん
▽お店は大阪市都島区都島中通 3 丁目の炭火焼鳥店「うずら屋」
（☎06 − 6927 − 3535）
▽野菜
「吉良有機農園」（☎ 079 − 595 − 0809）

# おイモの桜衣・アオサ衣揚げ

桜は見てよし、食べてもよし。食べるほうは、濃紅色で大輪八重咲きの関山桜《かんざんざくら》の塩漬けが一般的。お祝いのときなどに飲む、桜湯に浮かぶあの花です。香りも豊かで、春を味わうのにぴったりの食材です。

「香りは美味しさ」と語る中島福子さんに、天ぷらの衣に桜の花の塩漬けを混ぜることをすすめられました。ほおばった瞬間に花の香りが口いっぱいに広がる桜衣。衣に香りがあるので、香りのない野菜を揚げるのがおすすめです。おイモは水分が少なくねっとりした大和イモや海老芋、ジャガイモなどを揚げると、冷めてもべちゃっとなりません。おイモの代わりにちくわやかまぼこでもいけます。チーズを焼いて添えると、不思議と美味しさ倍増。

緑のアオサ(生の青のり)衣を桜衣と並べたら、お花見のお弁当にうってつけ。アオサは沖縄産を使っています。

「花は刻んでそのままご飯に混ぜてもきれい」と中島さんは、もうひとつのアイディアも教えてくれました。

☆お酒☆桜の花の酵母で仕込んだという「萬年雪 大吟醸 花百年」(岡山県)を。

**〈材料〉(2～3人分)**

大和イモなど 100g
生のアオサ 大さじ 1～2
塩 少々
桜の花の塩漬け 大さじ 1～2
天ぷら粉(薄力粉・片栗粉各 50g) 100g
冷水 140cc
揚げ油(くせの少ないもの) 適量

## recipe

❶天ぷら粉を冷水でさっくりと溶いて衣をつくり、半分に分けておく。
❷イモは、半分は半月切り、残りを棒切りにする。
❸生のアオサに❶の半量と❷の棒切りを混ぜ、塩少々で味を調え、170度の油でかき揚げにする。箸で取ってトロッと油に落とす要領で揚げれば、平たく全体に均一に揚がる。
❹桜の花の塩漬けを水につけて塩抜きする。飾り用に数個取っておき、茎を除いて細かく刻み❶に混ぜ、桜衣をつくる。
❺❷の半月切りに❹の桜衣をつけ、170度の油で揚げる。飾り用の花は、衣に混ぜても別に揚げてもよい。

シェフは中島福子さん
▽お店は大阪市西区京町堀のおばんざい店「Douce(ドゥース)」
(☎ 06－6447－4338)

缶詰のイメージが強かったホワイトアスパラガスですが、百貨店やスーパーでも、生のものを見かけるようになりました。生の魅力は、シャキシャキした食感と甘みののったほろ苦さ。春の味です。

南條秀明さんが「繊維が細かく食感が抜群。もうこれしか使えない」とすすめるのはJA香川県東讃支店出荷のもの。輸入品に比べ、えぐみのなさは驚きです。春の収穫にそなえ、前年の夏、株にたっぷりと養分を蓄えさせるのだそうですが、つくり方の詳細は「秘密」と言われました。

「ホワイトアスパラの魅力は苦みのうまさ。甘みもたっぷりで、炭火で焼いたらトウモロコシのような香ばしさ」と南條さん。新鮮な国産のアスパラは、繊維も少なくやわらかいので、お湯でゆでるだけでもいいのですが、玉ネギやベーコンを使ったスープでゆで冷ますと、滋味がじわじわしみます。お湯だけのときも、ぜひ、アスパラの皮はいっしょにゆでてください。香りやうまみが活かせます。酸味のあるソースと生ハムで味にアクセントを。

☆お酒☆白ワインの定番シャブリ。ソースの酸味に負けないドライさと、コクの調和が抜群の、セルバン氏作がおすすめ。

# ホワイトアスパラガスの生ハム添え

**〈材料〉（4人分）**

ホワイトアスパラガス(生)〔大〕4本
玉ネギ 適量(アスパラの皮と同量)
バター 10g
ベーコン 10g
水 1000cc
**A** ケッパー・ピクルス・エシャロット・パセリ・ゆで卵(みじん切り) 各大さじ1
マヨネーズかフレンチドレッシング（オリーブ油とワインビネガーを好みで混ぜ、塩・コショウする）少々
生ハム 適量
イタリアンパセリ 適量

## *recipe*

❶ホワイトアスパラガスは固い根元を切り落とし、皮をむいておく。
❷根元や皮と玉ネギの薄切りをバターでいため、さらにベーコン少量を加えていため、たっぷりの水で煮る。玉ネギが煮崩れたら、こしてスープを取る。
❸そのスープでアスパラを固めにゆでる。竹串を刺してすっと抜けるくらいが目安。火を止め、そのまま冷ます(ゆで汁につけたまま冷蔵庫で2～3日保存できる)。
❹ **A** の材料全部をよく混ぜ合わせ、さらにマヨネーズかフレンチドレッシング少々を加えて、さっくりあえる。
❺器に❸のアスパラを食べやすい長さに切って盛り付け、❹と生ハム、イタリアンパセリを添える。

シェフは南條秀明さん
▽お店は大阪市西区江戸堀のフランス料理店「ルール・ブルー」（☎06－6445－3233）

「掘りたてを生で食べたら、みずみずしくて甘かった」

大垣裕泰さんが感動した木積《こつみ》(大阪府貝塚市)の竹の子は、やわらかい肉質とアクの少なさが特徴。店では早朝に掘られたものが午後に届き、すぐにゆでられます。

地表に頭を出した竹の子には、動物に食べられないよう、アクの成分がいっぱい含まれています。竹の子農家・王子善裕さんによると、木積では冬の間に竹林に客土を入れて、ならし、竹の子が出てこようとしたらその上の地面がひび割れるよう整備しています。それで埋まったまま収穫でき、掘りたては生でも食べられるというわけ。毎年の土入れのほか、よい竹を均一に成長させるため、古い地下茎の整理など10年先を見越した竹林管理をしているそうです。

エスカルゴバターは、もともとフランス料理のエスカルゴに詰めて焼くためのバター。パンに塗ったり貝のソテーに使ったり応用がきくので、つくり置きを。

☆お酒☆赤ワインの代表品種ピノ・ノワールでつくるほのかな甘みのスパークリングワイン「クレマン・ド・ブルゴーニュ」。

# 竹の子のエスカルゴバターソテー

**〈材料〉(4人分)**

竹の子(下ゆでしたもの) 200g

**エスカルゴバター**

ニンニク 2かけ

エシャロット ニンニクの倍

パセリ 大さじ3

バター(室温に戻す) 250g

塩 少々

バター 大さじ1

レモン 半個

## recipe

❶ニンニク、エシャロット、パセリをみじん切りにし、バターを加えてよく混ぜる。味を見て塩少々を加え、よく練り、エスカルゴバターをつくる。

❷竹の子はゆでて(水煮)、穂先はくし形に切り、根元はさいの目切りに。

❸フライパンにバター大さじ1を入れ、竹の子の穂先を焼く。焼き色がついたら根元も入れて焼き、エスカルゴバター約大さじ2を入れてからめる。

❹ニンニクが焦げる寸前にレモン汁をしぼり入れ、火を止める。

シェフは大垣裕泰さん
▽お店は大阪市西区新町1丁目のフランス料理店「ヴレ ド ヴレ」
(☎06－6535－7807)

# 春の香りのお吸い物

香りもごちそうの春野菜。特に香りのよいものをお吸い物にするなら、マグロ節でだしを取ってみてはいかがでしょう。「カツオ節より香りが控えめで、色もつかず上品ですよ。野菜そのものの味も生きます」と田中勝美さん。関西の多くの料亭が使っているそうです。

マグロ節の原料はキハダマグロで、脂がのりすぎても少なすぎてもだめ。さらに品質を決定づけるのは、数カ月かけていぶして乾かす作業です。田中さんが信頼するカツオ節店「靭《うつぼ》鰹節《かつおぶし》」の宮成介さんは、「いぶしが命。節にほどよい水分を残すには微妙な勘とこつが必要で、機械には無理ですわ。しかし、ここで香りとうまみが決まる。完成品にはつくり手の性格まで出ますよ」と話します。

マグロ節はカツオ節より高価ですが、その繊細な味はお祝い事など「ハレ」の献立にぴったり。味わいを壊さぬよう「一作業ごとに味見をして」と田中さん。少しのくず粉を加えることで、卵がふわっと固まり、きれいに仕上がります。

☆お酒☆「純米吟醸 奥能登の白菊」(石川県) をぬる燗か冷やで。

**〈材料〉(4人分)**

**だし**

水 1000cc
昆布 10cm角
マグロ節 150g

塩・薄口醤油 各少々
くず粉(片栗粉) 少々
卵 4個
菜の花 1/4束
ウスイ豆(エンドウ豆) 50～60g
コゴミ 30～40g
セリ 適量
木の芽・柚子 各少々

## recipe

❶水に昆布を入れて弱火で煮出し、沸騰直前に取り出す。火を止め、マグロ節をキッチンペーパーを敷いたざるに入れ、ざるごと1分ほどつける。

❷❶の一番だしは塩で味を調え、薄口醤油少々で色をつける。軽く沸騰させて水溶きくず粉でとろみをつけ、溶き卵を流し入れ、火を止める。

❸あらかじめゆでておいた菜の花、ウスイ豆、コゴミを❷に入れ、温める。

❹❸をおわんによそう。鍋に残しただしで軽く煮たセリ、木の芽や柚子を飾る。

シェフは田中勝美さん
▽お店は大阪市西区土佐堀1丁目の割烹「このは」(☎ 06－6445－0058)
▽食材
「靭鰹節」(☎ 06－6443－9841)
「白藤《はくとう》酒造店」(☎ 0768－22－2115)

# チーズのステーキ

**〈材料〉（2人前）**
チーズ(厚さ1～2cmのスライス)
　約100g
菜の花や芽キャベツなど好みの季節の
　野菜 適量
オリーブ油 適量
塩・コショウ 各少々
トマト 半個
レモン汁・バジル 各適量

冷蔵庫に固くなったナチュラルチーズが眠っていませんか。少々賞味期限を過ぎていても大丈夫、焼いてみてください。とろとろチーズの塩味に季節の野菜の甘さ、レモン汁などで酸味を重ねて。パンとワインがあれば、充実の休日ランチになります。

「バーベキューのときも鉄板の隅にチーズを置いて、よくつくりますよ。薄く切って、かき餅感覚で」と高島朋樹さん。おすすめは溶けると伸びるチーズ。よく練って弾力を生む製法でつくるセミハードタイプのプロヴォローネやカチョカヴァッロなどが最適です。

「少量で満足感のあるチーズはダイエット中のタンパク質補給にもいいとか。いっしょに野菜をたくさん食べて」(高島さん)。

野菜の鮮度がちょっと落ちたときは、下ゆでをしてアクを抜いてください。生でも食べられるものは、そのまま蒸し焼きに。

お店では、つくり手と鮮度にこだわる大阪市中央区の八百屋「セレクト」から仕入れます。軸の甘い菜の花は東大阪市産です。

☆お酒☆イタリアでもポピュラーな白ワインの「フラスカティ」や「ソアベ」をよく冷やして。

## recipe

❶フライパンに油を引かず、中火で菜の花や芽キャベツなどを素焼きする。焦げ目がついたらふたをして火からおろし、余熱で蒸し焼き状態にしておく。
❷別のフライパンでオリーブ油をよく熱し、チーズを入れる。焼き面に焦げ目がつくのを待ち(このときゆすらない)、裏返してチーズが溶けて流れ出なくなる程度まで焼いたら、弱火で火を通す。
❸❶の野菜を火にかけ直し、オリーブ油と塩少々で軽く味付ける。
❹器に❷と❸を盛り、湯むきした角切りトマトをレモン汁やバジルであえて添え、オリーブ油やコショウで味を調える。

シェフは高島朋樹さん
▽お店は大阪市北区菅原町のイタリア料理店「イル チプレッソ」
(☎ 06－6363－2772)
▽野菜
　「セレクト」(☎ 06－6764－0680)

# 空豆と焼き穴子の山椒煮

子どものころ、豆のサヤむきや筋取りの手伝いをしませんでした？

「旬は地元の食材で感じてほしい。基本は家庭料理」と上野直哉さん。空豆の匂いや味とともに、手作業も季節の記憶になります。

兵庫県尼崎市の富松《とまつ》地区や武庫《むこ》地区は昔から、面長で色白、皮がやわらかい空豆（一寸豆）の産地でした。しかし、宅地化などで生産量が激減。絶滅を防ごうと、地元の青年会や富松神社などが中心となり、96年に富松一寸豆保存研究会をつくりました。県の農業試験場から種を譲り受け、休耕田などを借りて栽培を進めています。また、毎年5月中旬に、富松神社で収穫祭を開き、豆料理をふるまっています。宮司で保存研究会事務局長の善見寿男さんは「昔からここに住む人と新住民の交流、子どもたちのふるさとの思い出になれば」と話していました。

今回の山椒煮は新鮮な空豆の食感を残しましたが、豆が固い場合は皮付きのまま穴子といっしょに煮込んでください。

☆お酒☆「奥播磨・山廃純米」（兵庫県）を日なたに置いた水のぬるさの「日なた燗」で、体にやさしく。

**〈材料〉（4人分）**

空豆 30～40粒
穴子の白焼き（市販のもの）2匹
焼き豆腐 1丁
昆布のだし汁 500cc
酒 80cc
砂糖 大さじ2.5
濃口醤油 大さじ2～3
実山椒の醤油煮（市販の佃煮）小さじ2
みりん 小さじ1

## recipe

❶空豆の皮の黒い部分を取る。穴子の白焼きを4～5等分し、焼き豆腐は8等分して軽く水切りする。

❷鍋に穴子と焼き豆腐を入れ、だし汁と酒を加えて火にかける。沸騰したら空豆を入れて中火で1分ほど煮る。

❸空豆をいったん取り出す。鍋に砂糖と濃口醤油を加えて落としぶたをし、弱火で約20分煮る。実山椒の醤油煮を加えて味を調え、火を止めて、そのまま冷ます。

❹食べる前に鍋を火にかけ直し、沸騰したらみりんを加え、空豆を戻して煮汁を全体にかけ回しながら仕上げる。

シェフは上野直哉さん
▽お店は神戸市中央区中山手通7丁目の割烹「玄斎」（☎078－351－3585）
▽空豆
「富松神社」（☎06－6421－5830）

# アスパラのせいろ蒸し 半熟卵のソース

「卵を見ると、幸せを感じませんか」。そう話すのは、子どものころから卵が好きで、あれこれと料理を考案していたという今吉正力さん。数ある卵メニューの中から、今回は、春らしいグリーンアスパラガスと、ベーコンという、卵と相性のいい素材の料理です。

シンプルなだけに、素材、特に卵が味の決め手になるので、ちょっと奮発していい卵を使ってください。「とにかく味が濃い。プリンをつくると、固まる力が強いのがよくわかる」と今吉さんがおすすめするのは、大阪・黒門市場の鶏肉店「高橋」の卵。大阪府茨木市の養鶏場で、天然飼料とミネラル豊富なわき水で育てられた鶏から生まれます。

野菜もできるだけ地場のものを使い、アスパラは主に東大阪市産です。「皮や切り落とした根元はソースにして」と、食材を粗末にしない今吉さんからの提案。アスパラの代わりにブロッコリーなどでも同様に美味しくできますよ。

☆お酒☆ドイツ産大麦とチェコ産ホップを使った無濾過の「アウグスビール」。限定生産で冷蔵輸送が必要なので、業務用のみ。取扱店で、ぜひ生を。

**〈材料〉（2人分）**

グリーンアスパラガス〔大〕3本
バター 少々
卵 全卵1個と卵黄1個
塩・コショウ 各適量
ベーコン 1枚（約25g）
オリーブ油 適量

## recipe

❶グリーンアスパラガスは根元を切って皮をむき、4等分に切りそろえ、小ぶりの耐熱容器に入れ、塩少々をふる。
❷別の耐熱容器にバターを塗り、全卵と卵黄を割り入れ、塩ひとつまみとコショウ少々をふり、ラップをする。
❸❶と❷を蒸し器に入れ、約6分蒸し、いったん取り出す。❷の卵は崩して軽く混ぜ合わせ、さらに1分程度蒸す。
❹ベーコンをいためてからみじん切りにし、蒸し上がった❸の卵と混ぜる。
❺アスパラの切り落とした根元や皮を、やわらかくなるまで蒸して裏ごしし、塩・コショウとオリーブ油で味を調え、ソースをつくる。
❻器に❺のソースを敷いてアスパラを盛り付け、❹をかける。

シェフは今吉正力さん
▽お店は大阪市中央区高津1丁目のお好み焼き店「豚玉」（☎06－6768－2876）
▽アウグスビール（☎03－5992－5570）

# イワナの
# 生ハムはさみ揚げ

**〈材料〉（2 人分）**
イワナ 2 匹
塩・コショウ 各適量
生ハム 4 ～ 6 枚
薄力粉 少々
オリーブ油 適量
レモン 半個
イタリアンパセリ 適量

## recipe

❶イワナは背開きにし、中骨と内臓を取る。塩・コショウを内側に軽く、外側には多めにふっておく。
❷イワナの内側に一口大に切った生ハムを詰めて閉じ、表面全体に薄力粉を薄くつける。180 ～ 190 度のオリーブ油で、ときどき返しながらカリッと香ばしく揚げる。
❸別に食べやすい大きさに切った生ハムを、衣をつけず素揚げする。
❹器に❷のイワナを盛り、❸の生ハムとレモンを添え、イタリアンパセリを飾る。

夏に向けて美味しくなる川魚は、白身で淡泊。新鮮なものは、さわやかで香りも控えめ。塩気と脂気がほどよい生ハムをはさんで揚げるスペイン北部ナバーラ地方の料理は、「これが一番シンプルで美味しい食べ方」と小西幸雄さんの一押しです。

小説『日はまた昇る』の中でナバーラの「牛追い祭」やマス釣りを描いたヘミングウェーもよく食べた料理だとか。スペイン産の生ハム・ハモンセラーノと、生産量世界一を誇るスペイン産のオリーブ油を揚げ油としてぜいたくに使って、文豪気分に浸ってみてはどうでしょう。

もともと羊飼いが仕事の合間につくった料理で、スペインではニジマスを使うのが一般的だそう。日本では養殖ものが手に入りますが、もちろん、自分で釣った魚なら最高。

実は今回のイワナ、小西さん自ら滋賀県の安曇川で釣ったもの。毎週末の釣果は、ひょっとしたら店で食べられるかもしれませんよ。

☆お酒☆おだやかな酸味の、ナバーラ名産ロゼワイン。

シェフは小西幸雄さん
▽お店は大阪市中央区北浜 2 丁目のスペイン料理店「エル ポニエンテ」
（☎06 － 6220 － 6868）

# 茄子とトマトとカマンベールチーズのティヤン

**〈材料〉（4 人分）**

茄子 1 本
トマト 1 個半
カマンベールチーズ 1 個
バター 少々
パン粉 大さじ 2
乾燥ハーブ（マジョラム・バジルなど。ハーブドプロバンスなどの名前で、ハーブを混ぜて市販しているものもある）適量
オリーブ油 大さじ 1 ～ 2
塩 適量

「ティヤン」はフランス・プロバンス地方の陶器の皿で、それを使った料理のこともいいます。一年中売っているトマトも茄子も、本来の旬は初夏。切ってチーズをはさんで並べ、ハーブを散らしてオーブンで焼けば、プロバンスの香り。

萬谷浩一さんは以前アルゼンチンで、トマトスライスの上にカマンベールを丸いままのせて焼いた料理を食べ、素朴な美味しさに感動したそうです。今回は、茄子を加え南仏料理にアレンジしました。

近畿・中国といい茄子を探し求めた萬谷さん。和歌山県紀の川市で、宮楠《みやぐす》仁之・園子さん夫妻がつくる茄子を見つけました。千両茄子も水茄子も、「茄子くささがすごくいい、生でも美味しい」と絶賛。「茄子の体温が上がる前に収穫したほうが甘くて長持ちします」と宮楠さん。気候に合わせて肥料を変えたり収穫時期も的確に判断することで、最高の味を届けています。

☆お酒☆ほんのり甘いフランス・ロワール地方のロゼワイン。醸造家オリビエ・クーザン氏のビオワイン「ロゼ・ダン・ジュール」。

## *recipe*

❶茄子とトマトを 7 ～ 8mm 幅の半月切りにし、カマンベールチーズも同様の厚さに切っておく。
❷耐熱皿（ティヤン）の内側全体に薄くバターを塗り、まず皿の端にトマトのスライスを半月に切った山が上になるように一列に並べ、その隣にチーズ、ナス、チーズ、トマトというふうに、チーズをはさみながら順番に一列ずつ、すき間なく詰めていく。
❸パン粉に乾燥ハーブを混ぜて❷の表面全体にふりかけ、その上からオリーブ油と塩をかける。
❹210度のオーブンで 12～13 分焼く。

シェフは萬谷浩一さん
▽お店は大阪市中央区高麗橋 1 丁目のフランス料理店「ラ トォルトゥーガ」
（☎ 06 － 4706 － 7524）
▽野菜
宮楠さん夫妻（☎ 0736 － 77 － 4124）

# 淡路のタコの温サラダ

〈材料〉（4人分）
グリーンアスパラガス 5～6本
生の真ダコ 足3～4本（なければ刺身用の生ダコでも）
塩 適量
イタリアンパセリ 適量
エキストラバージン･オリーブ油 適量
レモン 適量

シンプルな料理は素材が命。今回は「新鮮なタコと良質のオリーブ油を使えば、それだけで美味しい」と松本喜宏さん。タコは瀬戸内海の明石が有名ですが、鳴門海峡に近い淡路島産は「サクッとした歯ごたえがたまらない」とおすすめ。

「松栄丸水産」（南あわじ市）の松本司社長によると、磯育ちのタコは魚、砂地育ちは貝が主なエサで、砂地のほうが皮が薄くやわらかくて、香りもよいとか。美味しさは見た目にも現れます。「全体に色白で、足は太め」がポイント。

調味料でもあるオリーブ油は、色や味、香りも多種多様。「食材や調理法に合わせて醤油感覚で使い分けて」と松本さん。お店では肉用、魚用など4～5種類を使い分け、お気に入りもときによって変わるという松本さんが今回使ったのは、イタリア･シチリア島産のエキストラバージンオイル「デメトラ」。オリーブといっしょにレモンの木を植えた畑から収穫する、さわやかな味です。

国産でも小豆島などで品質のよいものがつくられているので、いろいろ試してみて、お好みの味を選んでください。

☆お酒☆紀元前からイタリア・ベスビオ山で栽培された品種の白ワイン「グレコ・ディ･トゥーフォ」。

## recipe

❶グリーンアスパラガスは根元に近い固い部分の皮をむき、斜め切りに。
❷生の真ダコ（1匹が手に入れば、内臓などを取り除く）は塩もみして汚れやぬめりを取り、食べやすい大きさに切る。
❸沸騰した湯に塩をたっぷり入れ、アスパラ、タコの順にゆでる。タコはさっと半生ぐらいで。
❹アスパラとタコを器に盛り、みじん切りしたイタリアンパセリとあえ、たっぷりのオリーブ油とレモン汁をかける。

シェフは松本喜宏さん
▽お店は大阪市西区新町2丁目のイタリア料理店「トラットリア パッパ」
（☎06－6536－4188）
▽タコ
「松栄丸水産」（☎0799－55－0140）

# 湯葉豆腐の串カツ

こってりした印象の強い串カツ界において、異彩を放つ「wasabi」。その店名は「ワサビにわび・さびの意味を重ねました」と今木貴子さん。繊細な湯葉豆腐の串カツは人気メニューです。

新鮮な豆乳に刻んだ生湯葉を混ぜ、くずを加えて煮て練り固めたのが、湯葉豆腐。お店では湯葉専門店「庄兵衛」のものを使います。プルプルした生も美味ですが、揚げるとクリームコロッケみたいにトロトロに。衣はカリッとさせてください。湯葉豆腐が手に入らないときは市販のごま豆腐でも代用できますが、水気が多いとはじけるので、できるだけ固いものを選びます。

「食べたとき、衣を破って、凝縮された素材の風味が語りかけてくるような串カツをつくりたい」と今木さんは話します。醤油に溶いたウニ、衣と湯葉豆腐、そしてお酒……すべてがほんのりやさしい甘さ。それぞれの甘みの競演を楽しんでください。

☆お酒☆フランス・ローヌ地方で日本人醸造家がつくる、少し濁りのある桜色の微発泡酒「ル・カノン ロゼ・プリムール」。

**〈材料〉（4人分）**

湯葉豆腐 150～200g

**衣**

- 小麦粉 150g
- 卵黄〔小〕1個分
- 牛乳 40cc
- 冷水 115cc
- ビール 15cc
- しっかり泡立てた卵白〔小〕1個分

パン粉（細かいタイプ） 適量

揚げ油 適量

ワサビ 少々

醤油 適量

## recipe

❶衣の材料を粘りが出ないよう、さっくり混ぜ合わせる。

❷湯葉豆腐を一口大に切り、串に刺して、❶の衣を薄くつけ、全体にパン粉をまぶす。180度の油（店では綿実・ごま・紅花など植物油をブレンド）で、中まで火が通るようじっくり揚げる。

❸ワサビ醤油でいただく。穂ジソ、生のり、ウニなどを添えても。

シェフは今木貴子さん
▽お店は大阪市中央区難波の串カツ店「wasabi」（☎ 06－6212－6666）
▽食材
「庄兵衛」（湯葉豆腐は予約制）
（☎ 06－6351－1255）

# 石垣豆腐

　夏は冷ややっこが一番という人に、ぜひおすすめしたい石垣豆腐。だしと豆腐を寒天で固め、石垣に見立てます。一手間かけて涼やかな姿になった豆腐に、ほんのり柑橘系の香りを添えて。木の葉などをあしらうと、料亭の趣になり、目にもうれしい。

「長崎や徳島産の海藻が原料の寒天は、寒天独特のサクッとした歯ざわりに、もちっとした感じが出る」と近藤郁さん。寒天には棒(角)・糸・粉などがあり、和菓子には主に、透明感が出る糸寒天を使います。粉寒天は溶けやすく重宝ですが、石垣豆腐には棒寒天を。ほどよい固さと弾力が生まれ、絹ごし豆腐のなめらかな食感との二重奏が楽しめます。

　豆腐でタンパク質やカルシウムが摂れ、食物繊維の豊富な寒天で減量効果も期待できます。食欲のない人にも、たっぷりある人にも、うれしいメニューです。

☆お酒☆上澄みはさらっと、にごり部分はまったり飲める、微発泡の日本酒「醴泉《れいせん》『活性にごり』純米吟醸本生」(岐阜県)を冷やして。

**〈材料〉(4人分)**
絹ごし豆腐 2/3丁
棒寒天 半本
カツオだし 400cc
塩 ひとつまみ
薄口醤油 少々
めんつゆ(市販) 適量
柚子の皮 適量

## *recipe*

❶絹ごし豆腐を熱湯で約5分煮て、ふきんにあげて水切りする。
❷棒寒天を水で十分ふやかす。
❸鍋にカツオだしを沸かし、寒天をしぼってちぎり入れる。溶けたら塩と薄口醤油を入れ、❶を一口大に割り入れ、ひと煮立ちさせる。
❹鍋を氷水にあてて、むらができないよう、ゆっくり混ぜながら、あら熱を取る。
❺流し缶などの型に入れ、冷蔵庫へ。
❻冷え固まったら適当な大きさに切って器に盛り付け、めんつゆをかけ、おろした柚子の皮を散らす。

シェフは近藤郁さん
▽お店は大阪市天王寺区空清町の和風カフェ「こちかぜ」
(☎06－6766－6505)

# トウモロコシの冷製スープ

「市販のコーンスープは何だったんだ」と思うくらい、トウモロコシの味と香りを存分に楽しめるスープです。軸を煮出して、捨てる部分のうまみも丸ごと使い切ります。

プロの秘密は、香りを引き立たせるほんの少しのロリエ。多いと逆効果になるので、気をつけて。粒をいためるとき、ワインのアルコールや酸味をきっちり飛ばして、焦がさずつやつやの粒にできたら、味はほぼ決まりです。トウモロコシが甘すぎるときは、生クリームを増やして調整してください。

上村和世さんが使うトウモロコシは、広島県世《せ》羅《ら》町の山本忍さんがつくるウッディーコーン種。「スイートコーンより甘みは落ちるが、香りがよい」と山本さん。子どもに変な食物を与えたくないと、家庭菜園から始めて96年に開拓地に入植。無農薬なのはもちろん、自家製の有機肥料もやりすぎないようにしています。栽培野菜は年間100種類以上。「山本さんの野菜は、調理するとパワーを感じる」と上村さんは言っています。

☆お酒☆スパークリングワイン「フランチャコルタ・モンテニーザ ブリュット」。

**〈材料〉（4人分）**

生トウモロコシ 2本
チキンブイヨン 500cc
バター 大さじ1
白ワイン 30cc
ロリエ 1/5〜1/4枚
生クリーム 大さじ3
塩・白コショウ・粉チーズ(パルミジャーノ)・パセリ・オリーブ油 各適量

## *recipe*

❶生トウモロコシ2本のうち1本半の粒を取り、軸は1cm幅に切り、チキンブイヨンで煮る。残り半本は焼く。
❷鍋にバター大さじ1を入れ、❶の粒をいためる。
❸白ワインと❶のブイヨンをこして2〜3回に分けて❷に入れ、ロリエを加えて弱火で煮込む。軽く塩と白コショウをし、アクを取る。
❹やわらかく煮えたら、ロリエを出してあら熱を取り、ミキサーにかけてこす。生クリームを混ぜ、冷蔵庫で冷やす。
❺器によそい、❶の焼いた粒、粉チーズやパセリを飾り、オリーブ油をかける。

シェフは上村和世さん
▽お店は大阪市中央区博労町4丁目のイタリア料理店「ジョヴァノット」
（☎06－6243－5558）
▽野菜
「山本ファミリー農園」
（☎0847－37－2153）

# 三度豆と豚肉の オイスターソースいため

**〈材料〉（2人分）**
三度豆 160g
豚肉 60 ～ 80g
ごま油 適量
卵白 少々
片栗粉 少々
オイスターソース 小さじ 1
老酒 小さじ 1
濃口醤油 小さじ 1 弱
コショウ 適量

ほっこりとした三度豆（インゲン豆）に、なめらかな豚肉の舌触りが絶妙。シンプルな素材から極上の食感を引き出すのは、食材をやわらかくする油通しと、食感をよくして肉の縮みを防ぐ下ごしらえ。ちょっとした手間がプロの味をつくります。

油通しは、よく熱した中華鍋に油をたっぷり入れて弱火にし、食材を素揚げします。油の量を少なくしたいなら、弱火でじっくりゆっくり揚げて。

油っこいのが苦手な人は、油通しの代わりに、ゆでたり、いためるときにチキンスープ（水でも）などを少量加えたりしてもいいです。また、油通し後に湯をかければ、さっぱり仕上がります。

蓮田マチ子さんは、できるだけ有機無農薬の野菜を使い、旬《しゅん》を大切にしています。そのほうが、「野菜自体に力があって日持ちする」からだそうです。三度豆と豚肉のコンビはビタミンB群などが豊富で疲労回復も期待でき、夏ばての体にありがたい一品です。

## recipe

❶三度豆は筋があれば取り、食べやすいよう 5cm 程度に切る。
❷豚肉は一口大の薄切りにする。
❸❷に、コショウ、ごま油少々と、よく切り混ぜた卵白少々を加えてからめてから、片栗粉少々を混ぜ合わせておく。
❹❶を油通しし、しなっとなったら、そこに❸の豚肉を入れ、表面が白くなったら取り出す。
❺鍋に小さじ 1 程度の油とオイスターソース、老酒、濃口醤油を入れて熱し、❹を加えていためる。

☆お酒☆お店ではかめの 8 年や 10 年ものの紹興酒をすすめますが、瓶詰でも十分。もちろんビールもばっちり。

シェフは蓮田マチ子さん
▽お店は大阪市生野区中川 3 丁目の中国料理店「創華飯店」（☎ 06 − 6752 − 8463）

# トマトと豆腐のサラダ

**〈材料〉（4人分）**

完熟トマト 1個
木綿豆腐 1丁
玉ネギ（みじん切り） 小さじ2
塩・コショウ 各少々
醤油（だし入りでも） 小さじ1
マヨネーズ 大さじ3～4
辛子 適量
パセリ・レモン・ハーブ 各適量

## recipe

❶木綿豆腐を水切りし（レンジで2～3分温め、キッチンペーパーではさんで重しを10分）、ボウルやすり鉢でよくつぶす。

❷玉ネギ（芯に近いほうが甘い）をみじん切りにし、30分以上水にさらしてしぼり、塩・コショウ少々、醤油、マヨネーズ、辛子を加え、❶の豆腐とよく混ぜる。

❸完熟トマトを冷やして半月型に切る。

❹トマトを器に並べ、❷をのせてパセリのみじん切りを飾る。レモンやハーブを添える。

今回のトマトは京都・西賀茂産。イワシやカツオの骨粉を混ぜた堆肥《たいひ》で育て、完熟後に収穫したものです。自然な甘みと酸味は、懐かしい日なたの味。最近は水を控えて栽培した甘いトマトが主流ですが、このトマトは大ぶりで皮が薄くやわらかいのも特徴です。

豆腐は大豆の香りがしっかりしたものを選んでください。マヨネーズは、店では、有精卵を使った辛子入りを使っています。「よい素材にはよい調味料を」と話す西山政伸さん。オーガニック系のものを選び、野菜がたっぷり食べられ、偏食を減らす串焼き店を目指しています。

魚嫌いだった子どものころ、お母さんがカレー粉で工夫してくれたアジフライが今も好物という西山さん。「一番の調味料は愛情。美味しいものは好き嫌いをなくす。いい食材を探すのも愛情です」

☆お酒☆フランス産白ワイン「ブルゴーニュ・グランエルヴァージュ」をきりっと冷やして。

シェフは西山政伸さん
▽お店は京都市左京区一乗寺赤ノ宮町の「串焼 牛宝」（☎075－723－2424）

# おぼろ豆腐の麻辣《マーラー》ソース

辛みが利いた麻辣ソースは、中国・四川地方生まれの万能ソース。酸味もほどよく、中国風ポン酢の趣です。蒸し鶏、ゆでた豚や牛肉、魚介類のほか、ピータン、お店では白子やあん肝にかけるメニューも。つくり置きしておけば、なにかと便利に使えそうです。

美味しさの決め手はラー油と粉山椒。「香りと風味が命なので、新鮮な物を使って。保存した後などは香りが薄れるので、食べるときに山椒を足せばいい」と大宜味《おおぎみ》剛さん。

四川で使われている花山椒は、食べた瞬間辛さが口中に広がります。国産を使うなら、小粒の朝倉種を石臼でひいた「やまつ辻田」の粉山椒がおすすめ。じわじわと辛さが広がり、さわやかな後味です。

豆腐は、やわらかいおぼろ豆腐を使って。大宜味さんは、「豆の味がしっかり利いてる」という「豆富処 川崎」の豆腐を使っています。水切りして、うまみを凝縮させてください。豆腐をレンジで温めたり、豆乳で煮て鍋風にしたりすると、まろやかな食べ心地になります。

☆お酒☆紹興酒「陳五年」(宝酒造)のかめ出しを。

**〈材料〉(4人分)**

おぼろ豆腐 1丁

**麻辣ソース**

- 醤油 大さじ3
- 酢 大さじ2
- 砂糖 少々
- ごま油 小さじ1
- ラー油 大さじ1
- 粉山椒 小さじ1/4

**トッピング**

- ミョウガ(千切り) 適量
- カイワレ大根(そば菜などでも) 適量
- ピーナッツ(砕く) 適量
- 香菜(三つ葉でも) 適量

## recipe

❶おぼろ豆腐をざるにあげ、水を切っておく(10〜15分)。

❷麻辣ソースの材料をよく混ぜ合わせてソースをつくる。

❸❶を器に盛り❷のソースをかけ、好みでトッピングする。

シェフは大宜味剛さん
▽お店は大阪府豊中市本町の中国料理店「彩菜」(☎06－6852－2338)
▽食材
「やまつ辻田」(☎072－236－1223)
「豆富処 川崎」(☎072－753－2578)

# チーズとハムとオリーブのケーキ

前菜やブランチにぴったりの甘くないケーキです。「風味を豊かにするには、オリーブを２種類以上使って」と萬谷浩一さん。スペインの日本領事館やレストランで修業したころ、食卓に欠かせないオリーブの漬物は、日本の漬物に勝るとも劣らぬ存在感があったとか。大粒の緑や小粒の赤茶、やわらかそうな黒……、種なしやアンチョビを詰めたものもあり、確かに、見た目も味もバラエティーに富みます。オリーブ油の使い方も大胆。このケーキにも、オリーブ油と白ワインがたっぷり入ります。

スペインでは、「食べない人間はだめ」とばかりに、まかない料理もボリュームたっぷり。そして、会話が大切なスパイスです。失敗談から政治談議まで、わいわい言い合うこと。料理とともに会話も楽しい思い出にしてください。

今回はラクレットチーズを使いましたが、グリエールやパルミジャーノでも代用でき、それぞれ生地の質感が代わって面白いです。

☆お酒☆フランス南部・ローヌ地方の自然派のつくり手、ダール・エ・リボ氏の白ワイン「クローズ・エルミタージュ」。

**〈材料〉**
**（長さ 15cm ×幅 7.5cm ×高さ 6cm のケーキ型 2 台分）**

**A** 薄力粉 200g
　ベーキングパウダー 4g
　塩 ひとつまみ
オリーブ２種 各100g
ボンレスハム 100g
卵３個
白ワイン・オリーブ油 各 200cc（好みによって 50cc くらいまで減らしても大丈夫）
ラクレットチーズ 100g
ヘーゼルナッツ（ロースト皮なし） 50g
オリーブ油 少々
小麦粉（打ち粉） 少々

## recipe

❶ A をふるいにかけてよく混ぜる。そこに、種なし黒オリーブとアンチョビ入りオリーブ、1cm 角に切ったハム、卵を順に混ぜていく。
❷❶に白ワインとオリーブ油をざっくり混ぜ、1cm 角に切ったラクレットチーズ、ヘーゼルナッツを軽く混ぜる（かなりゆるい生地になるが、混ぜすぎないよう注意）。
❸ケーキ型にオリーブ油を塗り、薄く打ち粉をして❷の生地を流し入れ、200 度のオーブンで１時間焼く。

シェフは萬谷浩一さん
▽お店は大阪市中央区高麗橋１丁目のフランス料理店「ラ トォルトゥーガ」
（☎ 06 － 4706 － 7524）

# カボチャのリゾット

カボチャのふくよかな甘み、チーズのこっくりした塩気、バターのまろやかさ。それらと一体となったとき、お米が「肴」になります。

リゾットは生米《なまごめ》からいためてください。米にバターの膜ができ、最後までムチムチとした食感が残ります。塩は“早め”がポイント。しっかり米の中にしみ込み、味がぼやけません。チキンブイヨンは数回に分けて加え、じっくりとしみ込ませます。

仕上げに一工夫すれば、カボチャの甘さが引き締まり、繊細な味になります。たとえばバジルペーストをからめて、さわやかな風味に(写真)。黒コショウでピリッとさせたり、仕上げのチーズをブルーチーズにしたら濃厚な味になるので、ワインは赤で。

「色鮮やかに仕上げるには色の濃いカボチャを」と鈴木浩治さん。お店が契約する琵琶湖畔の農家では、ブラックバスでつくる自家製肥料を使うそうです。このカボチャの濃厚さは……。カボチャのソースは多めにつくって冷蔵保存できます。生クリームや牛乳でのばせばカボチャスープにもなります。

☆お酒☆北イタリア地方のゲヴルツトラミネール種を木樽で熟成させた白ワインがおすすめ。

〈材料〉

**カボチャのソース(6～8人分)**

カボチャ〔中〕半個
玉ネギ〔中〕半個
バター(できれば無塩) 50g
塩 少々
水 50cc

**リゾット(1人分)**

米 50g
チキンブイヨン 約400cc
バター 大さじ1と小さじ1
塩 ふたつまみ
パルメザンチーズ 15g

## recipe

❶カボチャのソースをつくる。鍋にバターを入れ、薄く切った玉ネギを弱火で汗をかかせるようにいためる。そこに、皮をむいて小指の先ほどに切ったカボチャ、塩少々、水を加え、弱火で30分以上煮込む(完全には煮崩さない)。
❷バター大さじ1で生米を透き通るまでいため、チキンブイヨン(まず90cc)と塩を加え、沸騰させる。沸騰状態を保つため、ブイヨンは数回に分けて足す。
❸❷の汁気がなくなったら❶を大さじ3程度入れ、混ぜながら強火で水分を飛ばす。
❹米がアルデンテになったら火を止め、おろしたパルメザンチーズ、バター小さじ1を手早く混ぜ合わす。
❺器に盛り、バジルの葉をあしらう。

シェフは鈴木浩治さん
▽お店は大阪市福島区福島6丁目のイタリア料理店「ラ ルッチョラ」
(☎ 06－6458－0199)

ごまにも「旬」があるのです！　初秋の収穫時期の「新ごま」は香りがよく、みずみずしさが違います。ただ、国内で流通するごまのほとんどが中国やトルコの産。自給率は約0.1%にすぎません。国産の6割以上を扱う大阪市北区のごま屋「和田萬」は、1995年ごろから近畿や九州の農家に種を持ち込んで栽培を依頼しています。

ごまは荒れ地でも育つ丈夫な植物。秋の彼岸の前に刈り取り、2〜3週間干していると、固かった実が熟して殻が割れてきます。「まさに、開けゴマ。魔術的な力を感じる」と和田大象専務。和田専務によると、ごまには白・黒・金の3種があり、金ごまは特に油分が多く甘みとコクがあります。

竹入博人シェフが使ったのは三重県松阪産で、天日で2週間乾燥させた黄金色に輝く金ごまです。修業した香港や東京の名店では使いませんでしたが、「香ばしさが中国料理にぴったり」と竹入さん。プチプチのごまにやわらかい卵が好相性の肴。希少価値の「旬」を楽しんでください。

☆お酒☆ごまに負けない高い香りの「老白汾酒《ラオバイフェンチウ》」。50度以上あるので注意。

# 蒸し鶏の卵巻き揚げ金ごま風味

〈材料〉（4人分）

蒸し鶏（モモ肉かムネ肉のボイル）
150〜200g
キュウリ 50g
黄ニラ 25g
香　菜《シャンツァイ》 適量
塩 適量
紹興酒（日本酒でも可） 小さじ2
片栗粉 少々
卵（薄焼き卵用） 4〜5個
のり：卵と小麦粉同量 適量
金ごま 適量
揚げ油 適量

## recipe

❶蒸し鶏と、皮をむいたキュウリを粗みじんに切り、1〜2cmに切った黄ニラ、香菜（パセリやセロリでも）を混ぜる。塩と紹興酒で下味をつけ、つなぎに片栗粉少々を混ぜる。

❷薄焼き卵をつくって❶を巻き、溶き卵と小麦粉を同量混ぜた「のり」でとめる。

❸❷全体にのりを薄くつけ、片側に金ごまをたっぷりまぶす。油は中温から揚げていき、最後は高温にしてパリッと仕上げる。

シェフは竹入博人さん
▽お店は大阪市中央区宗右衛門町にあるホテルメトロThe21内中国料理店「乾隆亭」（☎ 06－6211－3571）

# 茄子とカツオのビネグレットソースがけ

茄子とカツオという日本の秋の代表選手が、ビネグレット（柑橘系）ソースで立派なフランス料理になりました。

チキンブイヨンをじっくりとしみ込ませたやわらかい茄子に、表面を焼いてうまみを閉じ込めたカツオ。茄子は鍋でことこと煮てもいいのですが、ブイヨンと茄子をビニール袋に入れて空気を抜き、湯せんにかけると、ブイヨンも少なくてすみ、ある程度歯ごたえを残しつつ味がしみます。ブイヨンは塩で味を調整して、すべての素材を冷たく仕上げてください。暑さも吹き飛びます。

ソースにする小夏は、最近人気の甘みがある柑橘果物。果汁をそのまま使うとさっぱりした口当たりに仕上がり、果汁を煮詰めたりマヨネーズを加えたりして濃厚にすれば、フレンチ度がアップ。残った煮汁をゼラチンでゆるく固めてゼリー状にしても美味。小夏がなければ、オレンジやグレープフルーツなどお好みの柑橘果物で代用してください。

チキンブイヨンの代わりにカツオだしで茄子を煮て、スダチや柚子でソースをつくれば、料亭風の和食に。ドミニク・コルビさんはキャビアとブイヨンをゼリー状にして盛りましたが(写真)、ハーブや食用花などを添えても豪華になります。

**〈材料〉（4人分）**

茄子（できれば水茄子）1～2本
カツオの刺身（約1.5cm厚）4切れ
チキンブイヨン 約400cc
塩・コショウ 各適量
オリーブ油 適量

**ビネグレットソース**

柑橘果物（小夏）1～2個
オリーブ油 適量
塩・コショウ 各適量

## *recipe*

❶茄子はへたを取って竹串などで表面に数ヵ所穴をあける。鍋に茄子と、ひたひたにかぶるくらいチキンブイヨンを入れてやわらかくなるまで煮、鍋のままゆっくり冷まして、冷蔵庫へ。

❷カツオは塩・コショウをふり、油を引いたフライパンで両面をさっとレアに焼き、冷蔵庫で冷やしておく。

❸小夏の果汁を半分に煮詰め、同量のオリーブ油と混ぜ合わせ、塩・コショウで味を調えてビネグレットソースをつくる。

❹茄子をカツオと同じ厚さに切って盛り付け、❸をかける。

☆お酒☆フランス・アルザス地方のリースリング種の白ワイン。日本酒なら「松の司」（滋賀県）の純米吟醸がおすすめ。

シェフはドミニク・コルビさん
▽お店は大阪市中央区城見1丁目のホテルニューオータニ大阪内フランス料理店「サクラ」（☎06－6949－3246）

# いろいろな
# キノコのソテー

〈材料〉（2人分）
アワビタケ、エリンギ、シイタケ 各2本
ユキノハゴロモ、ブナピー、カキノキダケ
　各半パック
オリーブ油 適量
ニンニク 半かけ
エシャロット〔大〕半個
バター 適量
イタリアンパセリ みじん切り少々と飾り用
塩・白コショウ 各少々

## recipe

①キノコは石突きを取って汚れをぬぐい、大きめに切っておく。
②熱したフライパンにオリーブ油を入れ、軸の太いキノコから順に、強火でこんがり焼く。
③焼き色がついたらニンニク、みじん切りのエシャロット（約大さじ2）を入れ、好みでバターを加え香りをつける。
④イタリアンパセリのみじん切りを加え、塩と白コショウ少々で味を調えて仕上げる。
⑤器に盛り、イタリアンパセリの葉をあしらう。

　注目は「脇役」のエシャロット。フランス料理には欠かせない素材で、いため物やマリネ、すりおろしてドレッシングにと重宝します。同じユリ科の玉ネギ同様、血液をサラサラにするという硫化アリルが含まれるので、包丁で切ると涙が……。でも、玉ネギより甘みも辛みも控えめ。
「自己主張せず、主菜と香りの相乗効果を生む、いいやつです」と川田一郎さん。葉付きラッキョウとは違うものなので、念のため。
　さて「主役」のキノコ類。これは、「できるだけたくさんの種類を使ってほしい」と川田さん。それぞれの香りを楽しむためで、また、エシャロットがそれぞれの個性を引き立てます。お店では、セップ茸やジロールというフランス産のキノコを使いますが、家庭では、いつも使わないようなキノコを試すチャンスと思ってください。見た目も食感も違うキノコを一皿で楽しめます。

☆お酒☆ワインは辛口の白か軽やかな赤。ボージョレ・ヌーボーでも。

シェフは川田一郎さん
▽お店は大阪市中央区北浜3丁目のフランス料理店「ラ・クロッシュ」
（☎ 06－4707－7880）

# 鯖《さば》の千鳥酢じめ

酢のツンという香りが苦手な人にもおすすめの京風しめ鯖。「ふつうの米酢は水で割ったり砂糖を足したりするけれど、千鳥酢ならそのままで」と川添雅嗣さん。

20年来の千鳥酢ファンという川添さんは「ただの薄味ではなく、はんなりした味。素材の持ち味をよく引き出す」と話します。それだけに、素材はいいものを選びたいですね。

千鳥酢は、創業270年になる京都市東山区の村山造酢の米酢。「蔵に昔から生息するさまざまな酢酸菌が、京都に合うまったりしたうまみをつくる」と村山忠彦社長。まさに、歴史に育まれた味といえるでしょう。百貨店などで探してください。

素人にはむずかしいのが塩としめの加減。サラダ仕立てにすると、野菜を添え、ドレッシングをかけて味の調整ができるので、少々失敗しても大丈夫。千鳥酢に合わせ、焙煎していないごまをしぼった油の香りがきつくない太白ごま油と、薄口醤油で味を調えれば、京風ドレッシングのできあがり。生臭みを消す柿やブドウなどの果物を添えると、彩りがよく、味にも変化が生まれます。

☆お酒☆香りが強すぎない純米酒「上喜元」（山形県）で。

**〈材料〉（5～6人分）**

鯖 1匹
塩 適量
千鳥酢 適量
（米酢などの場合は水で4～5倍に薄め、好みで砂糖などを混ぜる）
昆布 適量
菊菜や大根などの野菜 200g
柿・ブドウ 各適量

**ドレッシング**

千鳥酢：ごま油：薄口醤油 =2:2:1 の割合で混ぜる

## recipe

❶鯖を三枚におろし、表面が隠れるほどたっぷり塩をし、水分が出るまで置く（20cmほどの身の鯖で2時間くらい）。

❷❶を水洗いしバットへ。千鳥酢をヒタヒタに注ぎ、ラップで覆って20～30分置く。

❸鯖を酢から取り出して水分を取り、中骨を毛抜きで抜く。

❹昆布を間にはさんで鯖の身を合わせ、ラップで包み、半日から1日置く。

❺❹の皮をむいて薄く切る。ゆでた菊菜や大根（銀杏《いちょう》切り）などと盛り、ドレッシングをかける。銀杏切りにした柿や、種を取って半分に切ったブドウなどをあしらう。

シェフは川添雅嗣さん
▽お店は大阪市北区曽根崎新地1丁目の洋風料理店「川添」（☎ 06－6456－4300）

# 天王《てんのう》寺《じ》蕪《かぶら》のパスタ

以前はイタリア野菜を中心に使っていた古田剛さん。「地元産は圧倒的に鮮度がいい。頑張れ、という思いを込め、伝統野菜を積極的に使いたい」と話します。

今回使ったのは大阪の伝統野菜・天王寺蕪。大阪市東住吉区の農家西野孝仁《たかよし》さんの作です。間引きしたものなので、小玉で茎や葉もやわらかく根まで食べられるうえ、淡泊すぎず、繊維が勝ってシャキッとしています。旬(11～1月)になると柿のような甘みがあるといいます。

天王寺蕪は密に種を播き、間引きをしながら育てることで、味もよく直径8～10cmのほどよい大きさになります。手間が大変ですが、「昔から農家は間引き菜も食べてきた。長期間収穫できるということ」と西野さん。

天王寺蕪が手に入らない場合は、小カブなどで代用できます。ただ、その場合も、「茎や葉の美味しさを丸ごと味わって」と古田さん。パスタはソースがからみやすい極太で。

☆お酒☆イタリア「ソアベ」の白ワインがおすすめ。

**〈材料〉(2人分)**

天王寺蕪か小カブ 100g
生ソーセージ 100g
バター 15g
黒糖 5g
パスタ〔極太〕100g
塩 適量
黒コショウ 適量
粉チーズ 適量

## recipe

❶小カブは茎を5cm残し、食べやすく切って洗う。落とした葉は少しをざく切りにし、残りを湯通しして、ミキサーでピューレ状にする。
❷生ソーセージを15秒ほど電子レンジにかけ、輪切りに。
❸バターと黒糖で小カブをいため、ソーセージをつぶしながらからませる。ざく切りした葉を入れ、中火でふたをして蒸し煮にし、小カブにうまみを吸わせる。
❹塩味が足りなければ足す。小カブに火が通ったらピューレを入れ、強火に。
❺アルデンテにゆでたパスタと合わせる。
❻皿に盛り、黒コショウと粉チーズをかける。

シェフは古田剛さん
▽お店は大阪市中央区谷町6丁目のイタリア料理店「アバッキオ」
(☎ 06－4304－2529)

# 銀杏《ぎんなん》豆腐の揚げ出し

絹ごし豆腐よりなめらかで、生《なま》麩《ふ》よりやわらかい食感は、銀杏に含まれるでんぷんだけで固めているから。熱を加えると粘りが出て、冷やすとプルンと変身。料理って、科学です。

火にかけすぎると黄色く変色するため注意を。新銀杏のさわやかな緑色を目でも味わいたいので、手早く冷やしてください。衣は薄くつけ、さっと揚げて。冷やし固めたものをそのまま切り分けて食べても美味しいけれど、揚げると銀杏独特の苦みがマイルドになります。ショウガ汁をかけるとマイルドさと甘みが増し、いい相性。

市販のめんつゆをかけ、大根おろしを添えれば、定番の揚げ出し豆腐に。つゆにとろみをつけてあんかけにし、海老やウニを飾ると、豪華な肴になります。素揚げした栗の千切りを散らすと、秋の木の実できれいにまとまります(写真)。

銀杏以外に栗を使って同じ要領で、栗豆腐もつくれます。

☆お酒☆「東一」(佐賀県)の純米吟醸がおすすめ。

**〈材料〉(4人分)**

新銀杏(殻なし、生) 200g
昆布だし 200cc
塩 ひとつまみ
くず粉(片栗粉) 適量
サラダ油 適量
めんつゆ(市販) 適量
ショウガ 適量

## *recipe*

❶銀杏は薄皮をむいて、昆布だしとともに十分ミキサーにかけ、裏ごしする。
❷❶を鍋に移して塩を加え、強火にかける。よくかき混ぜて、粘りが出てきたら弱火にし、さらに鍋底から返すように混ぜ、きれいな緑色になったら火を止める。
❸❷をバットなどに移し、氷を張った容器で急激に冷やし固める。
❹❸を適当な大きさの棒状に切り分け、くず粉を薄くまぶして中温で揚げる。
❺器に盛り、市販のめんつゆをかけ、おろしショウガを添える。

シェフは近藤久さん
▽お店は大阪市中央区日本橋2丁目の割烹「藤久」(☎06－6632－4037)

# 鯛とアサリの白ワイン蒸し

最近耳にするようになった「ビオワイン」。無農薬有機栽培のブドウからつくり、酸化防止剤などを入れない自然派のワインです。店にビオワインをそろえる石田有巳さん。「せっかくあける一本は、体にいいものにしたいですよね。飲むワインを調理に使えば、酒と肴の味がしっくりします」と話します。

おすすめは、フランス・ロワール地方の白ワイン「ミュスカデ」のビオ。樹齢60年以上のブドウの実を手摘みし、気温が低くなる午前1時ごろから発酵が始まるようタイミングをみはからって、嫌な渋みが出ないように調整しています。大阪市中央区でビオワイン中心に扱う酒店を営む藤丸智史さんは「樹齢20年を過ぎると収穫量は減るが、一粒の味は深まります。人間といっしょです」と話します。

「アサリと鯛は火が通りすぎないよう、先に取り出して」と石田さん。オリーブの実は、緑と黒を混ぜると味にアクセントがついて見た目もきれい。ワインに合わせ、料理も切れよく仕上げてください。

☆お酒☆マルク・ペノ氏がつくる「ミュスカデ」。

シェフは石田有巳さん
▽お店は和歌山県岩出市川尻のイタリア料理店「アィーダ」(☎ 0736 − 63 − 2227)
▽ビオワイン
「ワインショップ FUJIMARU」
(☎ 06 − 6643 − 2330)

〈材料〉(2人分)

鯛 半身
アサリ(殻付き) 6個
ジャガイモ(できれば新ジャガ) 小2個
キャベツ 100g
オリーブの実 適量
ケッパーの塩漬け 適量
塩 適量
小麦粉 少々
オリーブ油 適量
白ワイン 45cc
タイム 1束

## recipe

❶鯛は2枚の切り身にし、両面に塩を軽くふって数分置く。水分が出てくるのでキッチンペーパーなどで押さえて取り、全体に小麦粉を薄くつける。
❷フライパンにオリーブ油を熱し、半分に切ったジャガイモを、切った面から焼く。同時に鯛の皮目を焼き、皮が焼けたら鯛を取り出す。
❸ざく切りしたキャベツと塩ひとつまみ、オリーブの実、ケッパーの塩漬けを加え、アサリを入れる。アサリは口が開いたら取り出す。
❹ジャガイモに火が通ったら、鯛をフライパンに戻して白ワインを加え、タイムをのせ、ふたをして弱火にし、蒸し焼きにする。
❺器にキャベツや鯛などを盛り付け、タイムを飾り、好みでオリーブ油をかける。

Clos La Désirée
Muscadet Sèvre et Maine
Appellation Muscadet Sèvre et

# 上庄《かみしょう》里芋のウニ焼き

**〈材料〉（2人分）**

里芋 4個
生ウニ 適量
卵黄 少々
焼きのり 少々
塩 適量
自然塩（粗いもの） 適量

## *recipe*

❶里芋は包丁の背などで皮をこそげ取り、さっと水洗い。水から20分ほどゆがき、竹串を刺して通れば、鍋からあげて半分に切り、薄く塩をふる。
❷❶を温めたオーブントースターでうっすら焦げ目がつく程度焼く。
❸生ウニにつなぎで卵黄を混ぜ、❷にのせ、さらにトースターで軽く焼く。
❹❸にあぶった焼きのりを細かくしてのせ、粒の粗い自然塩をふる。

「きめの細かさとしっとりした質感は、ふつうの里芋に比べて別格。ぜひ、福井県大野市の上庄地区産の里芋を使って」と今村規宏さん。山間の盆地で水はけのよい土に育まれた上庄里芋は、切って調理しても煮崩れしにくく、冷めても美味しい。インターネットの通信販売でも手に入ります。

05年に大野市を訪れた今村さんは知人の紹介で、加藤育代さんの里芋に出会いました。90年代に入って減農薬にして、他の農家から「土地にごちそうやって」と言われながらも有機肥料を使うなどの試みを続ける加藤さんの心意気に感激したといいます。

「淡泊だけどうまみが詰まった存在感のある里芋は、シンプルに料理したい」と今村さん。里芋の力をストレートに感じる料理です。

軽く焼いて甘みが増したやわらかいウニに、粒の粗い自然塩をふり、食感にアクセントをつけます。塩辛やアンチョビをのせてもいいでしょう。

☆お酒☆冬に仕込み、夏を越して熟成させ、秋に飲む日本酒のひやおろしをぬる燗《かん》で。

シェフは今村規宏さん
▽お店は大阪市西区立売堀4丁目の割烹「伊万邑」（☎06－6536－6090

# 小カブの蒸し焼き 生ハム添え

レストランの裏は、すぐ畑です。修業したイタリアの店と同じスタイルを郷里で実現させた小林寛司さんは「この野菜を楽しみに、都会からも人が来てくれるようになりました」と、にっこり。ご両親が丹精しているこの畑でも多くの野菜をつくっていますが、足りない分は、車で10分の宮楠仁之・園子さん夫妻の畑から調達します。黒キャベツなどのイタリア野菜も注文栽培してもらっているそうです。

「ちょうどいい時期を待って収穫した野菜は、変な苦みが抜けている」と宮楠さん。いわば、畑で完全に“熟れた”野菜。土から抜いたばかりの小カブをかじらせてもらいました。まったくアクがなく、梨のような水分たっぷりの甘さ。生のままでもいけますが、焼くと甘さが増し、オーブンで蒸し焼きするとさらにホクホク感が加わります。

お店では新鮮なものが手に入るので、「基本的に皮はむきません。家庭でもできるだけ新鮮なものを手に入れて」と小林さん。

☆お酒☆イタリア・ベネト州のアンジョリーノ・マウレ氏がつくる有機栽培無添加(ビオ)の白ワイン。

**〈材料〉(2人分)**

小カブ 2個
バター 大さじ1強
チキンブイヨン 80〜90cc
オリーブ油 少々
生ハム 2枚
塩 少々

## recipe

❶小カブは、10cmほど残して葉を落とし、実を縦に4等分。残った葉を半分に切って鍋に入れ、上に実をのせる。さらにバターとチキンブイヨンをかけて、180度のオーブンに入れ、8〜10分焼く(小カブが焦げてきたら途中でアルミ箔をかぶせる)。
❷❶の鍋から小カブを取り出し、皿に盛り付ける。
❸鍋に残った汁を火にかけてとろっとするまで煮詰め、オリーブ油少々を垂らしソースをつくる。
❹❷に薄切りした生ハムをのせ、❸のソースをかける。好みで塩少々をふる。

シェフは小林寛司さん
▽お店は和歌山県岩出市川尻のイタリア料理店「アィーダ」(☎0736－63－2227)
▽野菜
宮楠さん夫妻(☎0736－77－4124)

# 焼き味噌

食通のエッセーにしばしば登場するそば屋の焼き味噌。ちびりとやる酒の肴の代表格です。山梨県の名店で修業した勘田拓志さんが、同じ味を教えてくれました。

「そば屋のメニューはどれも簡単」と勘田さん。ただ、食材にはこだわり、白味噌も特注です。使っているのは、勘田さんが「しろつぶ」と呼ぶ大豆の粒が残る白味噌。ふつうの白味噌は臼でなめらかにした粒なしですが、あえて粒のあるものを使うことで、焼き味噌に食感のアクセントを生みます。この「しろつぶ」は、京都市下京区の石野味噌製です。1781年の創業以来、下ごしらえから京の銘水を使っています。「しろつぶ」は本店のみの量り売りですので、手に入らないときはふつうの白味噌で代用してください。そばの実は自然食店やネットで入手を。

「合わせた材料は冷蔵庫で1カ月はもちます。食べるときにお好みの量を焼いて」と勘田さん。

☆お酒☆豊かな香りのたつ「豊の秋」(島根県)や「往馬《いこま》」(奈良県)の純米を燗で。

**〈材料〉(しゃもじ〔小〕10枚分)**

そばの実(殻なし生) 25g
白味噌 200g
大葉(みじん切り) 5枚
柚子の皮(みじん切り) 4g
白ネギ(小口切りして水にさらし、水分をよく切る) 15g
花ガツオ 5g

## recipe

❶材料すべてをよく混ぜ合わせる。
❷小さなしゃもじにナイフで❶をしっかり塗り付け、ラップし、その上からナイフの柄で網目模様をつける。
❸ラップをはずして❷を直火にかざし、表面が軽く焦げるまでまんべんなくあぶる。

シェフは勘田拓志さん
▽お店は大阪市北区西天満のそば屋「なにわ翁」(☎06－6361－5457)
▽白味噌
「石野味噌」(☎075－361－2336)

# 牡蠣《かき》のシャンパン風味

牡蠣は生で食べるのが一番と思っていましたが、間違いでした。軽く火が通った後の甘み、シャンパンと生クリームのソースが生むコクの相乗効果に脱帽です。やさしくいためてしんなり汗をかかせた野菜や、牡蠣の汁を吸ったホウレン草がまた、深い味わいを醸し出します。

食材探しに熱心な海津彰訓シェフが選んだ牡蠣は、北海道の厚岸《あっけし》産。特殊な養殖の方法でのびのびと育ち、冷たい海水でゆっくり大きくなった牡蠣は、殻にすき間なく身が詰まり、加熱後も縮みにくいのが特徴。

野菜は海津さんのレストランがある大阪府箕面《みのお》市の地物です。作物ごとにぴったりの肥料や土づくりを研究する梁守《やなもり》壮太さんがつくる旬の味。新鮮だからとはいえ、まったくえぐみがなく、不思議なくらい実に甘いのです。「最高の素材の味を殺さず、さらにうまさを増すのが仕事。生産者の驚く顔が見たくて」と腕をふるう海津さん。これぞ料理、ですね。

☆お酒☆ナポレオンも好んだシャンパン「モエ・エ・シャンドンブリュットアンペリアル」。

**〈材料〉(2～3人分)**

生食用の牡蠣(殻付き) 5個
人参 約半本
ズッキーニ・赤ひげネギ(下仁田ネギでも) 各人参と同量
バター 約30g
塩・コショウ 各適量
ホウレン草の葉 半束
シャンパン 大さじ1強
生クリーム 大さじ4
カイエンヌペッパー・レモン汁 各少々
ハーブ 少々

## recipe

❶人参、ズッキーニ、赤ひげネギを千切りにし、バター約10gで焦がさないよういため、塩・コショウ少々で味を調える。
❷焦がしバター(約10g)で、切ったホウレン草の葉をいため、塩・コショウする。
❸牡蠣は殻を取り、身と汁を鍋に入れてシャンパンを加え、火にかける。身がぷっくり膨らんだら取り出す。
❹その鍋で生クリームをとろっと煮詰め、バター10g、カイエンヌペッパー、塩、レモン汁少々を加えてソースをつくる。
❺牡蠣の殻に❷を敷き、牡蠣の身をのせる。❶を飾り、ソースをかけ、ハーブを飾る。

シェフは海津彰訓さん
▽お店は箕面市船場西3丁目のフランス料理店「プラスモンジュ」(☎072－726－8151)
▽食材
「カキキン」(☎0153－52－5277)
「やなもり農園」(☎072－727－4532)

大根が美味しい季節は、あったかい煮物が恋しくなる季節でもあります。大阪の伝統野菜田辺大根は、煮崩れしにくく煮物に最適です。「根菜特有のほろ苦さが上品。豚の脂の甘さとだしのうまみとの相性も抜群」と光山英俊さん。

豚肉の脂の美味しさを活かすため、ほかの油分は足さずにつくってください。また、完成後に一度冷まして味をしみ込ませるのがポイント。もし、あっさり味が好みなら、冷やしたときに固まった脂分を除いてください。酸味と辛みで味を引き締めるマスタードをお忘れなく。同様に鴨ロースや牛スジと煮てもいいでしょう。

田辺大根は大阪市東住吉区周辺の産。戦後、ウイルス病などで絶滅状態になりましたが、今は地域住民でつくる「田辺大根を増やしたろう会」が、種を配って普及に努め、地元の小学校でも栽培しています。おろすと辛く、薬味にぴったりの田辺大根。手に入らない場合は、ふつうの大根でもできますが、できれば辛みのある大根を使ってみてください。

☆お酒☆純米酒のにごり酒「生もとのどぶ」(奈良県)を燗で。

# 田辺大根と豚肉の煮物

**〈材料〉(2人分)**

豚肉(バラやスペアリブなど赤身と脂肪が層になる部位) 200g
大根 半本
八方だし 適量
(カツオと昆布のだし汁:みりん:醤油 =8:1:1 をひと煮立ちさせたもの)
日本酒 大さじ 1
醤油・みりん 各適量
粒マスタード・アサツキ 各適量

## recipe

❶豚肉を適当な大きさに切って、弱火で脂を出すようにじっくり焼き(フッ素樹脂加工の鍋なら扱いやすい)、鍋から取り出しておく。
❷鍋に残った豚の脂で、皮をむいて2cm ほどに輪切りした大根に火を通す(下ゆで不要)。両面が油を吸ってつやが出る感じまで。焦がさないこと。
❸❷に❶を戻し、八方だしと日本酒を加え、落としぶたをして 30 分ほど煮込む。味が足りなければ、醤油やみりんを加えて調える。
❹❶ 1 時間ほど冷まして味をしみ込ませる。
❺食べる前に温め直し、粒マスタードやアサツキを添える。

シェフは光山英俊さん
▽お店は大阪市中央区心斎橋筋 2 丁目の居酒屋「和洋酒菜ひで」
(☎ 06 − 6211 − 3391)

# レンコンのはさみ揚げ

レンコンは、晩秋から初冬にかけて旬を迎えます。韓国ソウルで精進料理を教えてレンコン料理のレパートリー280種類というイ・ヨヨンさんのおすすめは、簡単で体にもいいはさみ揚げです。精進料理では牛肉を入れませんが、酒の肴用に、豆腐を半分にして、代わりに牛肉を入れました。

レンコンはのどや胃腸を強くする働きがあり、ショウガと合わせることで体を温め、血液の循環をよくする効果がアップするとか。豊富に含まれるビタミンCは熱にも壊れにくいので「揚げ物に最適。喫煙家には特におすすめ」とイさん。切ってすぐ片栗粉をつければ変色を防ぎ、栄養も逃がしません。

関西特産のレンコンといえば大阪府門《かど》真《ま》市の河内蓮根。粘土質の土地で育てるため、砂地のものに比べずっしりと密度があるのが特徴。料理店でも人気です。カリッと揚げるこつは、2度揚げ。最初に中温の油でゆっくり揚げます。その後、高温の油でさっと揚げると、内側はやわらかく、外はパリッとなります。

☆お酒☆ビール、竹炭で濾過した韓国焼酎「チャミスル」をロックで。

**〈材料〉(4人分)**

レンコン〔大〕 約半本
片栗粉 適量
サラダ油 適量

**具材**

干しシイタケ(水で戻しておく) 2枚
豆腐(水切りしておく)・牛肉・竹の子水煮 各20g
赤唐辛子 1本
ショウガ・セロリ・青ネギ・黄パプリカ 各10g

片栗粉・ごま油 各大さじ1
塩・コショウ・砂糖 各小さじ1

## recipe

❶具材をすべてみじん切りにし、片栗粉・ごま油、塩・コショウ・砂糖と混ぜ、具をつくる。
❷レンコンは皮をむき、2～3mmに輪切りし、両面に片栗粉を薄くまぶす。
❸❷に具をはさみ、160度のサラダ油で色鮮やかになるよう、ゆっくり揚げ、一度取り出す。
❹❸を半分に切り、180度の油でさっと2度揚げする。

シェフはイ・ヨヨンさん
▽お店は大阪市中央区宗右衛門町の韓国料理店「兆」(☎06－6214－1881)

# マグロのショウガだき

大トロが特売になっていたら、ぜひ試してほしい、シンプルだけどぜいたくな一品です。体を温めるショウガとの組み合わせは、寒い季節にぴったりです。脂がのっているのでショウガはたっぷりめに。

おつくりに塩昆布の細切りを添え、食後に果物ジュースを出すなど、父の技を大切に受け継ぐ永田裕道さん。今回使ったのは、なかなか手に入らない日本海の本マグロの大トロです。赤身でもいいのですが、中トロ以上の脂がのったもののほうがおすすめです。「脂ののりが少ない場合はショウガや醤油の量を控えて。煮すぎると身がすかすかになるので、あらかじめ煮詰めた煮汁でたけばいい」と永田さん。

面倒でも、ネギはぜひ焼いてください。焦がした皮をむけば、甘くて香ばしい香りが漂います。京野菜の九条ネギは細いので、煮汁になじませるくらいのつもりで煮すぎないように。やわらかいのが好みなら、マグロといっしょに煮てください。

☆お酒☆後味すっきりの日本酒「菊姫」（石川県）の大吟醸で、1年熟成の「東山」。

**〈材料〉（4人分）**

マグロ（できれば大トロ）300g
日本酒 4～5合
みりん 150cc
醤油 150cc
ショウガ（皮付き）40g
ネギ（あれば九条ネギ）5～6本
山椒《さんしょう》 適量

## recipe

❶マグロは一口大に切り、熱湯にくぐらせて霜降りにしておく。
❷鍋に日本酒・みりん・醤油（5:1:1）を入れ、強火にかけて沸騰させアルコールを飛ばし、7～8割に減るまで煮詰める。
❸❷に❶のマグロと、皮をむいて粗くみじん切りしたショウガを入れ、落としぶたをして弱火で7～8分煮る。
❹落としぶたをはずし、とろ火で煮汁が4分の3程度になるまで煮詰める。
❺ネギを直火で焼いて、皮を焦がしてむく。適当な長さに切って、煮汁にくぐらせる。
❻マグロとネギを器に盛り、少し煮汁をかけ、好みで山椒をふる。

シェフは永田裕道さん
▽お店は京都市東山区祇園町の割烹「千ひろ」（☎ 075－561－6790）

# 伊賀牛ホオ肉の味噌煮込み

ホオ肉はツラミともいい、煮込めばトロトロになります。ただ、今回使った伊賀牛の肉は、霜降りと赤身とスジが混ざる上質の肉なので、「あえて歯ごたえを残した。スネ肉やシチュー用を使うなら、もっと煮込んで」と花本実樹さん。

使ったのは三重県名張《なばり》市の奥田哲也さんが育てた牛の肉。「脂身はもちろん赤身にも甘みをのせるよう、酒かすやみりんかすなど8種のエサで育てた」と言います。ホオ肉は一頭あたり約800gしか取れません。

「ホオ肉の濃厚な味にコクを加える。隠し味にぜひ使って」と花本さんがすすめるのが伊賀特産の玉味噌です。製造・販売の伊賀越《いがごえ》(伊賀市)によると、国産大豆麹《こうじ》で半年熟成、さらに米糀《こうじ》を加えて半年以上仕込む天然醸造味噌。玉味噌が手に入らない場合は、赤味噌でも代用できますが、好みでほかの味噌もブレンドしてみてください。

忍者の非常食が元祖という伊賀牛。忍者気分を味わうには、ぜひ、伊賀地方伝来の玉味噌を取り寄せ、歴史の味をかみしめてみてください。

☆お酒☆辛口の「松の司」(滋賀県)純米吟醸「楽」や「往馬」(奈良県)の純米を。

**〈材料〉(4人分)**

牛肉(できればホオ肉かスネ肉、シチュー用でも) 250g
日本酒(下ゆで用) 適量
昆布だし 500cc
酒かす 10g
伊賀の玉味噌 20g
白味噌 75g
ニンニク 半かけ
砂糖 適量
大和イモ 50g
牛乳 約100cc
練り辛子・アサツキ・クレソン 各適量

## recipe

❶牛肉を一口大に切り、水と日本酒で1時間半ほど下ゆでし、竹串がすっと通れば取り出す。

❷昆布だしに酒かす、伊賀の玉味噌、白味噌、ニンニクを加えて❶を入れ、好みで砂糖を足し、弱火で1時間ほど煮込む。

❸大和イモをすりおろして鍋で弱火にかけ、牛乳約100ccを少しずつ加え、練るように混ぜてソースをつくる。

❹❷を器に盛り、❸のソースをかけ、練り辛子をのせ、アサツキやクレソンを添える。

シェフは花本実樹さん
▽お店は大阪市東住吉区駒川1丁目の居酒屋「酒肴花本」(☎ 06・6714・7253)
▽食材
「精肉の奥田」(☎ 0595 − 64 − 1780)
「伊賀越」(☎ 0120 − 345690)

# タラの白子のソテー アンチョビ風味

家庭でできるイタリア精進料理を考案してほしいと、西本願寺から依頼を受け、『イタリアン精進レシピ』（本願寺出版社、03年）という本を出版した笹島保弘シェフ。ふだんから京野菜を使ってイタリア料理をつくってきましたが、改めて精進料理づくりに知恵をしぼりました。苦労したのは、だし。カツオ節を含め魚介類も肉も使えないので、昆布のほか野菜くずなど捨てるものに注目。「材料を無駄にしないという意志を、より強くした」と話します。

そんな笹島さんがすすめる野菜の調理法は、家庭でも簡単にできる蒸し焼きです。「ゆでる手間が省け、甘くふっくらと仕上がる」。お好み焼きの鉄板がほしいと思うくらいだそうです。

今回は精進料理と違い、白子を使います。白子は前もって塩水につけてほどよく脱水させ、ぷっくりときれいに焼き上げます。

「美味しいという感激は、料理の味付けだけではなく、その場の雰囲気やいっしょに食べる人との関係によっても生まれる」と笹島さん。仕上げは愛と笑顔でしょうか。

☆お酒☆イタリア・サルデーニャ島の風を浴びたブドウでつくる白ワイン「セレガス」。

シェフは笹島保弘さん
▽お店は京都市東山区八坂上町のイタリア料理店「イル ギオットーネ」
（☎ 075 － 532 － 2550）

〈材料〉（2人分）
タラの白子 60g
ホウレン草 2～3本
アンチョビ（あればペースト、なければみじん切り）小さじ1
オリーブ油 大さじ3
塩･コショウ 各適量
レモン汁 少々
トマト 適量

## recipe

❶タラの白子は1%強の塩水に半日ほどつけておく。
❷フッ素樹脂加工のフライパンにオリーブ油大さじ1/2を熱し、タラの白子を中火で焼く。焼き面が溶けてくるがそのまま焼き、ぱりぱりと軽く焦げ固まってきて、表面が白くなれば、裏返してから一呼吸おいて火を止め、余熱で蒸し焼きにする。
❸ホウレン草は軸と葉に切り分け、まず軸をオリーブ油大さじ1/2でいため、塩と水を少々加えてふたをして蒸し焼きにする。しんなりしたところで続けて葉も入れて、ともに蒸し焼きにする。
❹別の鍋にオリーブ油大さじ2を入れて火にかけ、アンチョビを加えて混ぜ溶かすようにし、レモン汁少々を加えてソースをつくる。
❺❷と❸を器に盛り付けトマトを飾り、❹のソースをかける。好みでレモン汁をかけ足す。

# 海老芋のスフレ

灯りがともったようなサフラン色のフワフワのスフレは、見てるだけでも幸せ、食べたらもっと幸せ。泡立てた卵白の魔法で意外と簡単に膨らむものです。クリスマスや記念日に、挑戦してみませんか。

山下悟シェフが「有機栽培の根菜類は深い味と力を感じるが、この芋は甘さが格別」と語る海老芋は、大阪府富《とん》田《だ》林《ばやし》市の乾勝秀さんがつくる、どっしりとしたもの。「水や肥料はやり時がある。芋の顔を見ながら育てんと」と乾さん。長年の経験と勘がものを言う世界です。

「素材の持ち味を大切に」と、火の通し加減に細心の注意を払う山下シェフ。微妙な勘はまねできませんが、貝類も加熱しすぎないよう注意して、ふんわり仕上げてください。

お店では１人分ずつセルクル(底のない円形の焼き型)を使い、具材は半分取っておいて飾り用に後から盛り付けます(写真)。このレシピでは家庭用の簡単バージョンにしました。なお、サフランはターメリックで代用できますが、風味はかなり変わります。

☆お酒☆辛ロシャンパン「ランソン」でさわやかに。

シェフは山下悟さん
▽お店は大阪市西区江戸堀２丁目のフランス料理店「サトゥール」
(☎ 06 − 6444 − 6344)

**〈材料〉(5 〜 6 人分)**
海老芋 400g
帆立 2 個
アサリ・ムール貝・牡蠣 各 8 個
チキンブイヨン 400cc
サフラン・塩・コショウ 各適量
卵白 2 個分
小麦粉 大さじ 1 弱
**香草バター(約 150g 分)**
バター 115g
パセリ 適量
おろしニンニク 16g
エシャロット(みじん切り)20g
アーモンド(砕いたもの)15g
塩 1.5g
生クリーム 少々
トマト 半個

## recipe

❶海老芋は皮をむいて適当に小さく切り、ゆでこぼす。
❷チキンブイヨンで、帆立、アサリ・ムール貝・牡蠣の順番に軽く煮ていき、殻付きの貝の口があいたら取り出す。殻をはずしておく。
❸❷の煮汁に海老芋とサフランを加え、海老芋がやわらかくなるまで煮た後、ミキサーにかけ、冷やして、味を見ながら塩・コショウをする。
❹❸に固く泡立てた卵白と小麦粉を加え、混ぜ合わせる。
❺香草バターの材料を混ぜ合わせておく。
❻香草バターと生クリームと貝を弱火で温め、耐熱容器に移す。湯むきしてさいの目に切ったトマトをのせ、その上から❹を注ぎ、250 度のオーブンで 12 〜 13 分焼く。

# カワハギの煮込みプロバンス風

淡泊なカワハギを、こっくりしたソースでいただきます。彩りも華やかな南仏風の煮物です。

カワハギは天然物より、肝に、より脂がのっている養殖物のほうが高価だそうです。「肝の鮮度が悪い場合は入れないで」と話す渋谷圭紀シェフは、とびきりの瀬戸内海のカワハギを、大阪・黒門《くろもん》市場の鮮魚卸河野商店から取り寄せます。「でも、身はやっぱり天然物がいい。大寒に近づくとウマヅラハギが美味しくなる」と河野雅幸社長。

お店で使うソースはオマール海老やハマグリでだしを取り、生クリームにトマトを加えてつくる豪華さ。でも、家庭ではソースづくりはたいへんなので、煮詰めた生クリームで十分です。具はトマト、焼き穴子(またはベーコン)、煮白菜、ホウレン草の軸、桜海老など多種類にして味に深みを。

「魚に火が通りすぎないよう、ソース(生クリーム)を煮詰めておくのがポイント。鍋肌で焦げた汁も、はけで戻してうまみを活かす」と渋谷さん。シェフの技、まねしてみませんか。

☆お酒☆香り高い 03 年産のコートデュローヌ地方の白ワイン。

**〈材料〉(4 人分)**

カワハギ〔大〕1 匹
塩 適量
小麦粉 適量
バター 大さじ 1
白ワイン 70cc
白インゲン(乾燥時) 20g
トマト・焼き穴子(ベーコン)・煮白菜・ホウレン草の軸・桜海老など 各適量
生クリーム(2/3 に煮詰めたもの) 10cc
レモン汁・コショウ・パセリ 各少々

## recipe

❶カワハギは皮をはいで内臓を抜き(新鮮な肝は残す)、3 つにぶつ切りする。

❷❶の全体に塩をふり、小麦粉を薄くまぶし、バターでムニエルにして、鍋から取り出す。

❸カワハギの頭を鍋に戻し、白ワインを加えて火を通し、水煮した白インゲンを加える。

❹❸に残りの身、細かく切った具材を加え、煮詰めておいた生クリームも加え、全体に火を通す。

❺レモン汁、コショウ、パセリ少々を加え、火を止めてふたをし、数分蒸らす。

シェフは渋谷圭紀さん
▽お店は大阪市中央区高麗橋 4 丁目のフランス料理店「ラ・ベカス」
(☎ 06 − 4707 − 0070)

# 魚介類と若ゴボウの酒盗ソテー

若ゴボウは「葉ごんぼ」とも言われる大阪府八尾《やお》市周辺の名産品です。「葉も茎も根も全部食べられて、大阪向きの経済的な食材。シャキシャキしてフキよりやわらかい春の味」と上野修さんも大好きだそうです。

今回使ったのは八尾市教興寺《きょうこうじ》の農家森川雅恵さんがつくる若ゴボウ。有機無農薬栽培で、さわやかな苦みと濃い甘みが特徴です。若ゴボウは秋に種を播き、一度出た芽が霜で枯れた後、再度伸びたものを収穫します。「暖冬だとわざわざ刈らないといけないんですが、うまく枯れてくれる年もあります」と森川さん。ハウスと露地栽培を合わせても1月から3月末までの期間限定品です。

材料をいためた後にあんをかけ、オーブンで焼けばグラタン風にもできます。「あんは、ダマができないよう低温で気長に混ぜて」と上野さん。

酒盗は、カツオの胃と腸などを塩漬けにして熟成させたもの。そのままでも酒の肴に最適ですが、今回のように調味料代わりにしたら、料理の幅が広がります。酒盗あんをつくるのが面倒なときは、酒盗だけ、もしくはアンチョビを使ってもいいそうです。

☆お酒☆ぬる燗がおすすめ。灘の酒「白鷹《はくたか》」で。

シェフは上野修さん
▽お店は大阪市中央区道頓堀1丁目の割烹「㐂《き》川《がわ》」（☎ 06－6211－4736）

**〈材料〉（4人分）**

若ゴボウ〔大〕2本（なければゴボウ〔中〕1本）
海老・イカ・平貝・アワビなど魚介類 各適量

**酒盗あん**

酒盗 40g
酒（火にかけアルコールを飛ばしておく）50cc
卵黄 5個分
みりん 少々
ごま油 少々

ごま油 適量
アサツキかネギ 適量

## *recipe*

❶酒盗あんをつくる。酒盗を酒に数時間浸して塩抜きし、こして酒盗と酒に分ける。その酒に卵黄を溶き入れ、みりんを加え、湯せん（80度以下）にかけて、ダマができないようゆっくり混ぜる。卵黄の臭みが抜けてとろっとしたら、ごま油を混ぜる。

❷若ゴボウは根と茎に分け、それぞれ約5cmの細切りに。魚介類は一口大に切っておく。

❸フライパンにごま油を熱し、ゴボウの根、茎の順に強火でいためる。魚介類を加え、さっと火を通し、さらに❶で分けておいた酒盗を大さじ2程度加えて味を調える。

❹ゴボウと魚介類を器に盛り、好みでアサツキや白髪《しらが》ネギをあしらい、酒盗あんを添える。

# フキ味噌のふの焼き

「日本茶を楽しむ店づくり」を掲げる近藤郁さん。昔の文献に載る和菓子を今風にアレンジして、献立に取り入れています。ふの焼きもそのひとつで、江戸時代の書物によると、小麦粉を水で溶いて薄く焼き、味噌やあんなどを巻いたお菓子。江戸以前からあったようで、千利休の茶会記『利休百会記』にもよく登場するそうです。

今回は肴ということで、フキノトウの苦みと味噌の塩味、鶏肉のうまみがしっとりしたふの焼きに包まれ、お酒がすすむ一品になりました。近藤さんおすすめの鶏肉はシャモ。身が締まっていて歯ごたえがありながら、脂肪分が少なく、淡泊なうまみが味噌に合います。

フキ味噌は、フキの花芽のフキノトウを味噌と合わせてつくります。たくさんつくって冷蔵庫で保存しておくと、おかずに重宝です。

「フキノトウの代わりにクルミや柚子を使えば、季節に合わせて好みの味噌ができます。でんぶや木の芽あんを巻いてもいいし、あんこやクリームで甘党好みにもなります」と近藤さん。中身しだいで肴にもお菓子にもなるのは、クレープと同じですね。

☆お酒☆「黒龍」（福井県）の純米吟醸を冷やで。

シェフは近藤郁さん▽お店は大阪市天王寺区空清町の和風カフェ「こちかぜ」（☎ 06 − 6766 − 6505）

**〈材料〉（4人分）**

**ふの焼き**

中力粉 大さじ4（薄力粉・強力粉 各大さじ2でもよい）
水 100cc
豆乳 大さじ2
ごま油 適量

**フキ味噌**（味噌500gに対しての目安）

白ネギ1本
ニンニク・ショウガ 各1～2かけ
田舎味噌 500g
ごま油 適量
みりん 80cc
砂糖 大さじ1/2
卵黄 1個分
フキノトウ 60～70個

鶏ムネ肉 100g
塩 少々
飾り用のフキノトウ 適量

## recipe

❶中力粉と水60ccを泡立て器でよく混ぜる。もったりしたら豆乳と残りの水を少しずつ加え、とろりとした状態のたねをつくり、30分ねかす。
❷フキ味噌をつくる。みじん切りした白ネギ・ニンニク・ショウガをごま油でいためて香りを出す。そこに田舎味噌、みりん、砂糖を加えてとろ火でなじませる。全体になじみ、つやが出てきたら、火を止めて卵黄1個を落として勢いよく混ぜ、さらに小さく切って高温の油でさっと揚げたフキノトウを混ぜる。
❸鶏肉を塩焼きし、薄く切る。
❹フライパンに薄くごま油を引き、大さじ1強の❶を薄くのばし、飾り用のフキノトウをのせ、強火でさっと両面を焼く。乾かないよう、ふきんにくるんでおく。
❺フキ味噌と鶏肉を、❹のふの焼きで包んで、器に盛る。

# リコッタチーズのソルベ

リコッタチーズとレモンの香りが気持ちよいソルベ（シャーベット）。リコッタは、ふつうのチーズをつくった後に残る乳精を煮詰めてつくります。脂肪分が少なく、乳酸菌や牛乳の甘みも生きています。

萬谷浩一さんは、岡山県吉備中央町の吉田牧場のチーズにほれ込んでいます。年中放牧してストレスなく健康に育った牛から、搾りすぎない（牛に負担をかけない）ように採った牛乳を原料とするチーズ。干し草が主食の冬場は白っぽく、春から夏にかけては緑の牧草を食べるので色も濃くなり、味わいも微妙に変化するそうです。

「余計な手がかかっていないのがよい。まさに自然派のチーズづくり。リコッタは輸入品に比べて塩分が少なく、甘みが豊か」と萬谷さん。ソルベにはぜひ、栗の花から採れた蜂蜜を。デパ地下など最近はやりの蜂蜜専門店で見つけてください。おすすめの珍しいリンゴ酒は、カマンベールとも好相性です。

☆お酒☆リンゴ果汁とリンゴのブランデーを熟成させた「ポム・ド・ノルマンディー」。

シェフは萬谷浩一さん
▽お店は大阪市中央区高麗橋１丁目のフランス料理店「ラ トォルトゥーガ」
（☎06 − 4706 − 7524）
▽リンゴ酒
「ワインショップ FUJIMARU」
（☎06 − 6643 − 2330）

**〈材料〉（7 ～ 8 人分）**
**アングレーズソース**
卵黄 3 個
砂糖 75g
レモンの皮（すりおろし）1 個半分
牛乳 300cc
リコッタチーズ 500g
砂糖 100g
生クリーム 140cc
牛乳 150cc

## recipe

❶ソルベの元になるアングレーズソースをつくる。卵黄、砂糖、レモンの皮のすりおろしを、ボウルで白っぽくなるまで、木べらなどですり混ぜる。そこに沸かした熱い牛乳を加えて、よく混ぜる。鍋に戻して混ぜながら弱火にかける。混ぜた木じゃくしの跡が残り、トロッとして混ぜる手が重くなってきたら（差し入れた木じゃくしを斜めに上げると、線が書けるような状態）、裏ごしして氷水で冷やす。
❷リコッタチーズと砂糖を混ぜ、❶、生クリーム、牛乳を加えて全体がなめらかになるまで、よく混ぜる。
❸冷凍庫で冷やし、1 時間ごとに泡立て器（あれば電動）で4～6回かき混ぜ、なめらかに固める。

# 伝統野菜再発見！

## 浪速《なにわ》の伝統野菜を復活させたい

90年代なかばから、水茄子や水菜は全国区の野菜になり、京野菜はブランドになった。でも、かつては切り干しされて江戸にも運ばれていたという大阪の伝統野菜（在来種）天王寺蕪の知名度は、ほとんどゼロだ。

戦後、宅地開発などで大阪市内の農地が減るとともに、流通の発達で遠い産地の野菜が集まってくるようになる。結果、病虫害に弱いため育てるのに手間がかかり、生で食べて甘く感じる糖度も少ない伝統野菜は、市場から消えていった。

だが、農業政策を進める側で伝統野菜の復活に努力してきた人がいる。大阪府食とみどりの総合技術センターの森下正博さんは、浪速の伝統野菜復活支援の草分けだ。もともと在来種に興味があり、水茄子の古い種を探していたという。90年ごろに大阪市の農産物品評会で、「青首大根ばっかりのなかで、変わったもんがあるなあ」と田辺大根を発見。自家用だけを栽培していた農家に種をもらって、研究を始めたのだ。

しかし、当時の大阪府の農業施策の大命題は、水田の転作と端境《はざかい》期の解消、効率化、新品種の開発。古い品種に注目しようという森下さんには、「廃《すた》れたもん、どないするん？」という冷たい目が注がれた。

「幸い大阪府の農業の規模は小さくて、特定品種を地域あげてブランド化しなければいけないような状況ではなかった。農業団体からの要望も特になく、なにしても目をつぶってもらえたんです。けど、ようクビにならへんとやってきたと思います」（森下さん）

現在、センターの試験場では勝間《こつま》南瓜《なんきん》、田辺大根、毛馬《けま》胡瓜、天王寺蕪などの生育や活用法を研究中だ。

「農家につくってもらうのが私の本来の仕事。生き甲斐のように取り組んでくれる生産農家もいる。後は消費者につなぎ、日々の業にできれば」

実際、漬け物店や昆布商店、酒造メーカーから相談を受け、生産農家とつなぎ、田辺大根や天王寺蕪の漬け物や佃煮、勝間南瓜の焼酎などの開発に協力している。フリーズドライにした毛馬胡瓜の粉末の利用も考案中。「府民相談。仲人みたいなもんです」と言う。

## 在来種を残す意味

そんな森下さんは食のあり方を地球規模で考え、伝統野菜、つまり在来種の必要性を強く訴える。

「在来種は何百年という淘汰を

経て、その土地に合わせて生き残った植物。絶滅の危機を回避する遺伝的多様性を残してます。たとえば、発芽時期が翌年になる種があるんやけど、それは干ばつや水害などを乗り越えてきた遺伝子の記憶なんです。いつ食糧難の時代が来るかわからへん。地域の食を次の世代に頑張って残さないと。野菜もリストラしたらあかんのです。いろんな民族が生き残るためには、絶滅を免れる遺伝子をもっている在来種を、どこでも復活させなあかんと思います」

また森下さんは、消費者が伝統野菜を知ることで健康や食を考えるきっかけにしてほしいとも考え、大阪市内の小・中学校20校以上で伝統野菜の栽培指導をしてきた。02年度から始まった「総合的な学習の時間」で取り組む学校が増えたようだ。

## 自家採種のすすめ

日本で今つくられている野菜のほとんどはF1(一代交配種)で、種を採っても同じような野菜はできない。農家は毎年、種苗会社の種を買わなければならない。

「肥料も農薬もマニュアルどおりやれば、どこでも野菜ができるF1は、農協にとって大事なもの。他の産地よりいち早く売れる野菜を死守するのが使命だった」(JA兵庫六甲の本野《もとの》一郎さん)

形がそろって箱詰めしやすく、売り場に収まりやすく、腐りにくい。味は甘ければよく、栄養は二の次。そうした大規模流通に求められる野菜の条件を満たすように開発されたのがF1である。

だが、本野さんは今、自家採種を提唱している。「ちょっと待てよ」と思ったのは、中国からの輸入野菜が急激に増えた80年代終わりごろだという。それは日本の種苗会社が中国に売り込んだF1野菜で、値段は国産の3分の1程度だった。

追い込まれた専業農家の生き残り策として農協で直売所を始めたところ、農家間で品質競争が起き、リピーターに満足してもらえるように、スーパーに並ばない品目をそろえるようになった。そこで息を吹き返したのが在来種だ。

「農家は持っていたんです。探していたものが出てきました」

現在、兵庫県が認定する在来種は26種。本野さんが農家に呼びかけて生産を復活させたのは、焼き茄子に最適という西宮のオオイチナスや生野《いくの》盆地特産の岩津《いわつ》ネギなどだ。

本野さんによると、F1の元になる固定種をもつ種苗会社は、温暖化による気候の変化にも対

応できるように、定期的に栽培し、種の世代更新をしている。人件費や土地代などコスト面から、最近はメキシコやオーストラリアで更新を実施。採種作業まで海外で行われているのだ。「野菜は土地によって自分で姿を変えるし、味も変わる」と心配する。

## 知らせる努力も大切

96～97年に遺伝子組み換え作物の問題が表面化したとき、種の自給の必要性を考えていた本野さんは、自分で大豆をつくろうと思い立つ。そして、先祖代々在来種を育てている農家に分けてもらった。

「消費者の遺伝子組み換えへの拒絶感は大きく、ヨーロッパや日本では大企業を追いつめた。それまで消費者運動には懐疑的だったが、これをきっかけに人びとが発信できるツールが必要だと感じました」

流通の発達で外食・中食《なかしょく》が増え、つくりやすく、流通させやすく、料理(加工)しやすく、安い野菜が求められている。一方で、有機無農薬野菜に代表されるような、安全でいいものを大切にしようという流れもある。農業への要求は二極分化している。そうしたなかで､味で勝負し、食材も吟味する料理人たちは、農業に目を向けはじめた。直接農家と取引する料理人も少なくない。本野さんはこう言った。

「これからの10年は有機農業の時代になります。政府も応援する施策を始めた。国産野菜をつくる農家が生き残っていくには、海外ではつくることができない在来種に注目し、有機でいいものをつくっていかなければならないのです」

また、在来種の栽培を広げるためには、忘れられていた在来種の味を消費者に知らせることも大切だ。「次の生産者を支える次の消費者も育てないと。そのためには、食材の持ち味を表現できるカリスマシェフの力が必要」と本野さん。知り合いのシェフに頼んでイベントを開催したり、自ら講演をしたりして、在来種の消費拡大に努めている。

「農業をかっこいいと思わせて、やりたい人、めざす人を増やすのが食育なんです。カリスマファーマーを探し、育てていきたい」

# 伝統野菜をつくる農家を訪ねて

## 自家採種で手間をかけて栽培

大阪市東住吉区のサッカー場や陸上競技場を有する長居《ながい》公園にほど近い市街地に、西野孝仁《たかよし》さん（1954年生まれ）の畑がある。52ページに紹介した「天王寺蕪のパスタ」の取材の際、間引き菜を活用してきた昔の知恵を教えてくれた西野さん。「蕪は、最後は干し蕪にもする。葉もなにもかも絶対に捨てるもんちゃう、と古くから言われてきた」と話し、昔ながらの手法を大切にしようとしている。

伝統野菜の栽培を本格的に復活させたのは99年。それまでは自家用に少しだけつくっていた。畑の周辺は田辺大根の産地だった田辺地区。長居公園一帯は戦前ほとんどが畑で、田辺大根もつくられていたという。

「原産地に一番近い農家やから、知らんかったらかっこ悪いし、つくらな話にならん」

西野さんのその思いが、森下正博さんらの伝統野菜復活の活動と重なり、居酒屋「ながほり」の中村重男さん（1957年生まれ）ら料理人との取引につながっていく。

「金儲けばかりではない、顔の見える関係やから、できるだけ美味しいものを出したいし、美味しいから、また使ってくれるんやと思う。料理屋さんが応援してくれるから、伝統野菜を残そうと強く思った」

手がける伝統野菜は、天王寺蕪のほかに、田辺大根、勝間南瓜、玉《たま》造《つくり》黒門《くろもん》白瓜の4種類。畑は全部で約60アールで、伝統野菜はその2割を占めるが、収入では1割ほどだという。「使《つこ》てくれる人がいるのに、採算が合わへんからって、やめられない」と西野さん。「地野菜とビオワインの会」という関西の若手料理人グループのイベントにも参加している。味を知ってもらい、料理法を考えて、広めてほしいからだ。

「昔の味を出すためには、昔のつくり方をせんと。一番大切なのは土やね。水はけがよく、なおかつ水持ちもよく、微生物が生きやすい丈夫な土にするため、堆肥はふつうの畑の倍くらい、10アールあたり年間2～4トン入れている。微生物が肥料を分解して栄養にし、根から吸収できるようにする。土は人間で言うと胃腸やから、有機でも無機でも肥料のやりすぎは、食べすぎと同じで消化不良になる」

だから、肥料は作物の顔を見ながらやる。マニュアルはない。農薬は病気になったときに使う程度で、その際も分解の早いものを使用。土に余分な成分を残さない主義だ。伝統野菜はすべて、自家採種で栽培している。

「たとえば、ふつうの蕪は真ん中に一本すーっと根があるが、天王寺蕪はわき根がある。見た

目が綺麗なもんを残すのではなく、そんな、できるだけ天王寺蕪の昔からの特性をもっているもんを伝えていくつもり」

もちろん、手間は大変だ。でも、そうやって残していくことが、地元の農家の使命と考えている。

## 味で勝負

一方、伝統野菜をつくりながら新しい挑戦を考える生産者もいる。「京都伝統野菜研究会」のまとめ役である京都市南区の石《いし》割《わり》照久さん(1957年生まれ)は、京野菜を復活させ、ブランド化のきっかけをつくった農家。「守るというより、後世に伝えたい。続けていきたい、廃れさせたらあかん」と話す。

大学卒業後サラリーマンだった29歳のとき、病気になった父に代わって農業を継いだ。父親は、戦争を経て食糧増産をめざした世代。野菜はF1が隆盛で、農協や行政の指導で化学肥料をばんばん使って、儲かる洋ニンジンやトマトなど年間3～4品目を栽培していた。ところが、お父さんが倒れた後なので、農業はお祖父さんに習うことに。

「堆肥や油かすや鶏糞などを使う明治の農業。反発もしたが、すぐに理に適った知恵だと気がついた」

こうして、お祖父さんが細々とつくっていた伝統野菜に目を向けた。そして、やはり代々農家の友人と「わしらが立ち上がらな、誰がするねん」と、伝統野菜を復活させようと盛り上がり、約10人の仲間と結成したのが伝統野菜研究会だ。伝統野菜は、昔はふつうに食べられていた在来種。各家に残っていた種を探し出すことから始めた。

「歴史のなかで考えたとき、自分は伝統野菜を後世に伝えるための一歯車でいいと思います。後につなぐためには、ただつくってもあかん。安心・安全だけでもあかん。伝統野菜が本来もっている特性を活かしながら、いい味のものをつくらなあかんと思ってます」

味で勝負する野菜の取引先は、京都の一流料亭のほか、東京の高級スーパーなど。「味見して、『こんなんいらん』て言われたら、おしまい。その代わり、よかったら言い値で買ってくれる」という間柄である。

石割さんも西野さんと同じように土づくりに手間ひまをかけ、作物によって肥料も変えて、野菜の顔色を見ながら水やりをしている。手がける伝統野菜は九条ネギ、聖護院大根・蕪、水菜、壬《み》生《ぶ》菜、海老芋などだ。

## 新しい京野菜へも挑戦

石割さんはさらに、土地に合ったミニトマトや葉唐辛子、カボチャの花など新しい京野菜づくりも研究し、年間70～

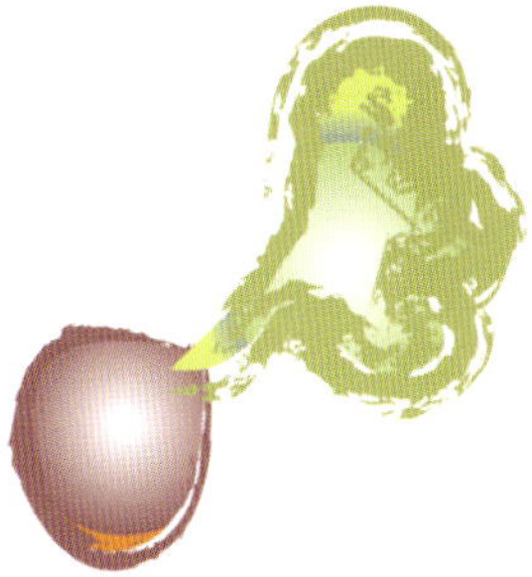

80 種の多品種少量生産を続けている。石割さんによると、京野菜のルーツはさまざま。長いあいだ都だった京都には、地方からの献上品の野菜が集まり、土地に合わせて様変わりしたという。たとえば、食べ方がわからず、川べりに捨てられたゴボウが、野菜くずなどを堆肥として育ち、太くてやわらかい堀川ゴボウになったとか。また、京都のお茶漬けになくてはならないすぐき漬けのすぐきのルーツは、天王寺蕪といわれている。

「京都は盆地で新鮮な魚がこないので、生臭さを消したり、鹿やイノシシの肉をやわらかくしたりする野菜が求められたそうです。菜食のお寺も多かった。それで京野菜がいろいろできてきた」

だからこそ、京都という土地に根ざす新しい京野菜をつくっていきたいと、いろいろな野菜の栽培に取り組んでいるのだ。現在は、伝統野菜に取り組もうという農家に種を分けたり、つくり方や肥料の使い方など技術もオープンに教えている。

中国が経済発展をとげ、アメリカやオーストラリアなどが気候の変動による不作にみまわれたりして、日本への野菜輸出国が輸出用の野菜を自国消費に回す可能性は大きい。いつ日本が食料難に陥るかわからない時代である。でも、逆に石割さんは元気だ。豪快に笑いながら言った。

「これからは農業もおもしろなる。日進月歩はハイテクだけでなく、伝統野菜をつくる農業でも同じ。いい方法を考え、見つけるのは、どんな仕事でも同じ。新しい技術を導入しながら、昔のものをつくればいい。消費者もかしこくなってもらわんと」

## 食べることは命をいただくこと

伝統野菜をつくり、自家採種をしている農家の代表として、お二人に話を聞いた。共通しているのは、後世に伝えたいという思いと、そのためには美味しいものをつくらないといけないという思いの強さだ。

以前、芥川賞作家のモブ・ノリオさんと話しているときに、「F1 ばっかり食べてるから、精子が薄くなってるんちゃうか」と、冗談を言いあったことがある。少子化対策は自家採種から？

風が吹けば桶屋が儲かる、みたいな話かもしれないが、「残したい、伝えたい」という気持ちの根源にあるのは、命を大切に思う気持ちではないだろうか。食べることは命をいただくことなのだから。

さまざまな命を大切にすることが生きていく基本なのだと、今回の取材を通して教わった。

# 庶民が残す食文化

## 生産を消費につなげる

連載にあたって、プロデューサー兼アドバイザーを買って出てくれた中村重男さん。お刺身も煮物も名物の比内地鶏のつくねも、本当に何を食べても美味しい、とびきりの居酒屋「ながほり」のご主人だ。

食材は自分の目で確かめて、納得のいくものを仕入れている。積極的にメニューに取り入れているのが、勝間南瓜や天王寺蕪といった、流通現場から消えていた浪速の伝統野菜だ。勝間南瓜は小ぶりのカボチャなので、中をくり抜いて豚足の味噌煮を詰め、丸ごと蒸し物にして、見た目も楽しめる料理にしている。

「文化と呼ばれるものは、だいたい金持ちが残してきた。では、庶民が残せる文化はというと、落語なんかもあるけど、ぼくは食文化やと思うんです。われわれには、大阪城のようなものを

一から建てるのは無理。でも、田辺大根を食べ続けると、売れるとわかった農家はつくり続けてくれる。これで大切な食文化を残せる」

つまり、伝統野菜など食文化の継承に必要なのは、生産を消費につなげること、というわけだ。「農家と八百屋と自分（料理人・消費者）の三位一体という感覚です」と言う。

伝統野菜に限らず、よい生産者がいると聞くと、畑まで出向いて直接会ってみる。ここぞと思う農家は、見込んだ八百屋に紹介、仲間の料理店にも結びつける。

「おせっかいな、大阪のおばはんみたいなもんですわ」

## つないでいかなあかんのは、お金やなく文化

野菜だけではない。懇意にする鮮魚店に、冷凍ではなく生のマグロを扱うよう頼み、リスクを心配して渋る店主を説得するため、生で買い入れる料理店をつのり、最後には仕入れを実現させた。

「気持ちをわかってもろたら、こっちはちゃんと売らなあかん。それでお互いに成長する。さらに、お客がよくないと続かへん。結局、個人が強くならんと、全体としてよくならへんと思うんです」

中村さんは、ジャンルを超えた料理人の親睦団体「まんでい会」の事務局長も務める。会長は、ホテルニューオータニ大阪の料理長ドミニク・コルビさん。月に一度、月曜の午前中に集まって情報交換し、触発・刺激しあう。会では子どもの舌を育てたいと、無報酬で親子料理教室も開いている。

「ただ伝統野菜を使おう、本物を食べようというだけやなく、複合的な視点がないと、食を文化として残されへん」という思いが強い。そのため、神社やテレビ局と組んで会主体の屋台を企画し、雑誌などのメディアにも登場して、本物の美味しさを伝える。

店を出して22年。中村さんがこんなに世話好きになったのには、理由がある。

「血液製剤による薬害が続いたころから、金が大切という世の中を変えたいと強く思うようになりましたね。価値観が金という人を見ると、腹立つし、情けない」

JR宝塚線の脱線事故で愛妻を亡くした。店をきりもりしつつ、JR西日本との交渉の前面に立つ、多忙な日々だ。

「ちゃんとやってるもんが報われんとあかんと思う。だから、まじめにやってる農家にスポットあててやりたい。ぼくだけやのうて、そう考えている人はおるはず。つないでいかなあかんのは、お金やなく文化やと思うから」

持ち前のサービス精神で、きょうも人と人をつないでいる。

# シェフが教える家庭で作れるやさしい肴

2007 年 3 月 15 日 • 初版発行
著　者 • 吉村千彰
監　修 • 中村重男

発行者 • 大江正章
発行所 • コモンズ
東京都新宿区下落合 1-5-10-1002
TEL03-5386-6972　FAX03-5386-6945
振替　00110-5-400120

info@commonsonline.co.jp
http//www.commonsonline.co.jp/

印刷／東京創文社　製本／東京美術紙工
乱丁・落丁はお取り替えいたします。
ISBN 978-4-86187-031-6 C5077

## ◆コモンズの本◆

| | | |
|---|---|---|
| ごはん屋さんの野菜いっぱい和みレシピ | 米原陽子 | 1500円 |
| 幸せな牛からおいしい牛乳 | 中洞正 | 1700円 |
| 安ければ、それでいいのか!? | 山下惣一編著 | 1500円 |
| 地球買いモノ白書 | どこからどこへ研究会 | 1300円 |
| 感じる食育 楽しい食育 | サカイ優佳子・田平恵美 | 1400円 |
| わたしと地球がつながる食農共育 | 近藤惠津子 | 1400円 |
| パンを耕した男 蘇れ穀物の精 | 渥美京子 | 1600円 |
| 食べものと農業はおカネだけでは測れない | 中島紀一 | 1700円 |
| 〈増補3訂〉健康な住まいを手に入れる本 | 小若順一・高橋元・相根昭典編著 | 2200円 |
| 買ってもよい化粧品 買ってはいけない化粧品 | 境野米子 | 1100円 |
| 肌がキレイになる!! 化粧品選び | 境野米子 | 1300円 |

〈シリーズ〉安全な暮らしを創る

| | | | |
|---|---|---|---|
| 2 | 環境ホルモンの避け方 | 天笠啓祐 | 1300円 |
| 3 | ダイオキシンの原因を断つ | 槌田博 | 1300円 |
| 4 | 知って得する食べものの話 | 『生活と自治』編集委員会編 | 1300円 |
| 5 | エコ・エコ料理とごみゼロ生活 | 早野久子 | 1400円 |
| 6 | 遺伝子操作食品の避け方 | 小若順一ほか | 1300円 |
| 7 | 危ない生命操作食品 | 天笠啓祐 | 1400円 |
| 8 | 自然の恵みのやさしいおやつ | 河津由美子 | 1350円 |
| 9 | 食べることが楽しくなるアトピッ子料理ガイド | アトピッ子地球の子ネットワーク | 1400円 |
| 10 | 遺伝子組み換え食品の表示と規制 | 天笠啓祐編著 | 1300円 |
| 11 | 危ない電磁波から身を守る本 | 植田武智 | 1400円 |
| 12 | そのおもちゃ安全ですか | 深沢三穂子 | 1400円 |
| 13 | 危ない健康食品から身を守る本 | 植田武智 | 1400円 |
| 14 | 郷土の恵みの和のおやつ | 河津由美子 | 1400円 |
| 15 | しのびよる電磁波汚染 | 植田武智 | 1400円 |

価格は税抜き